Heinz Ohff
Peter Joseph Lenné

W0105515

Heinz Ohff

Peter Joseph Lenné

Mit einer kurzen Geschichte des Landschaftsgartens
von seinen englischen Vorbildern bis zum Volkspark

Berliner Köpfe

Jaron Verlag

*Die im Jaron Verlag erscheinende Reihe »Berliner Köpfe« ist hervorge-
gangen aus der Reihe »Preußische Köpfe«, die 1981 im Stapp Verlag begründet wurde.*

Abbildungen
Landesarchiv, Berlin: S. 26, 121
Günter Schneider, Berlin: S. 74, 89, 106, 113

1. Auflage 2003
© 2003 Jaron Verlag GmbH, Berlin
Alle Rechte vorbehalten. Jede Verwertung des Werkes und
aller seiner Teile ist nur mit Zustimmung des Verlages erlaubt.
Das gilt insbesondere für Vervielfältigungen, Übersetzungen,
Mikroverfilmungen und die Einspeicherung und Verarbeitung
in elektronischen Medien.
Umschlaggestaltung: Vera Bauer, Berlin, unter Verwendung
eines Bildes der Stiftung Preußische Schlösser und Gärten,
Berlin Brandenburg, Schloss Charlottenburg/bpk, Foto: Jörg
Anders
Satz und Lithographie: LVD GmbH, Berlin
Druck und Bindung: Clausen & Bosse, Leck
ISBN 3-89773-123-1

(Eine frühere Ausgabe dieses Werkes erschien 1981 in der
Reihe »Preußische Köpfe« im Stapp Verlag, Berlin.)

Inhalt

Der beamtete Poet

Keine Definition des Landschaftsgärtners hat diesen jemals als einen Poeten bezeichnet. Aber meinem Freund schien die Erschaffung eines Landschaftsgartens die grandioseste aller Möglichkeiten, die sich einem musischen Menschen bieten.
Edgar Allan Poe, »The Domain of Arnheim«

Sollte wirklich noch nie jemand die großen Landschaftsgärtner des 18. und 19. Jahrhunderts Poeten genannt haben? Dann wird es höchste Zeit, dies nachzuholen.

Sie gehören in die erste Reihe deutscher Dichter oder poetischer Geister – voran *Fürst Leopold Friedrich Franz von Anhalt-Dessau* und sein Obergärtner *Johann August Eyserbeck* sowie, nachfolgend, vor allem *Friedrich Ludwig von Sckell, Fürst Hermann von Pückler-Muskau* und Peter Joseph Lenné, um nur die wichtigsten Namen zu nennen. Ihre Werke haben sie nicht auf Papier gedruckt überliefert, sondern sie mit Bäumen, Büschen, Wegen, Rasen, Seen, Bächen, mit Natur geschrieben: Parks und Gärten als gepflanzte Gedichte, lebendige, sich ständig verändernde Kunstwerke, die eingespannt bleiben in den natürlichen Kreislauf von Frühling, Sommer, Herbst und Winter. Sowie in den bitteren, aber ebenso natürlichen Kreislauf von Werden und Vergehen.

Kriege, Vernachlässigung, veränderter Geschmack, verheerende Stürme und ungehemmtes Wachstum haben nicht alles so überliefert, wie es geplant und geschaffen war. Aber auch die Natur ist kein schlechter Gestalter. Einem großen Gartenschöpfer und -poeten macht sie auch nach hundert Jahren Wildwuchs alle Ehre; man spürt noch lange seine ordnende Hand.

Einer hat die großen Landschaftsgärtner im Übrigen als durchaus gleichberechtigte Poeten neben denen der Schreibfeder betrachtet: *Goethe* (wobei sich einem unwillkürlich ein »Immerhin!« auf die Lippen drängt). In jungen Jahren ist *Goethe* selbst in Weimar als Gartengestalter tätig gewesen. Und in älteren Jahren hat er einen Roman geschrieben, der von der Erschaffung eines Landschaftsgartens handelt: »Die Wahlverwandtschaften«.

Wie ein Park-Poet zuwege ging, lässt sich von einem Plan aus dem Jahre 1805 ablesen, der von der Schlösserverwaltung in Charlottenburg aufbewahrt wird. Der Plan zeigt unter anderem jene Lindenallee, die damals die Auffahrt zum Landgut Klein-Glienicke bildete – schnurgerade, wie üblich. Ein sanft geführter Bleistiftstrich nimmt einen anderen, neuen, abwechslungsreicheren, schöneren Verlauf in geschwungener Krümmung. Flüchtig eingezeichnet findet sich auch ein Gebüsch, das den Blick vom neuen Weg auf die alten Linden verhindert, denn die sollten erhalten bleiben.

Der Strich stammt von dem erst 27-jährigen Peter Joseph Lenné. Er ist von diesem wohl 1816 gezogen worden, als Staatskanzler *Hardenberg* ihn beauftragte, »die Partien seiner neuen Besitzung anmuthig umzuschaffen«, wie *August Kopisch* es ausgedrückt hat.

Ein leichter, feiner, dennoch höchst selbstbewusster Bleistiftstrich, ebenso romantisch wie poetisch. Mit ihm beginnt – der erste Vers! – ein Landschaftsgedicht, das vielleicht bedeutendste in Preußen oder sogar Deutschland. Mit ihm beginnt auch sozusagen die Laufbahn seines Dichters. Denn mit der neu gestalteten Wegführung ist der erste Schritt getan zum Landschaftsgarten, wie wir ihn heute noch – oder wieder – in Klein-Glienicke erleben können.

Lennés nahezu gleichaltriger Kollege und Erzrivale, *Fürst Pückler,* pflegte seine Wege mit dem Spazierstock direkt in den nackten Boden zu ritzen – dem Poeten wird alles zur Poesie. Man sollte daher nicht nur Worte, mit oder ohne Musik, als eine solche verstehen.

Das hat zu seiner Zeit außer *Goethe* keiner besser erkannt als *Edgar Allan Poe.* Der Aufsatz, dem wir das Motto vor diesem Kapitel entnommen haben, ist zweimal erschienen, einmal unter dem genannten Titel, ein zweites Mal, unverändert, als »Der Landschaftsgarten«. Er handelt von einem jungen Mann namens Ellison, der ein unermesslich hohes Vermögen ererbt hat und dieses verwendet, um einen Landschaftsgarten anzulegen, für ihn die höchste Form von Poesie.

Auch wohl die teuerste. *Fürst Pückler* (der in einer Fußnote des Aufsatzes vorkommt) hat mehr als ein Vermögen für seine Parks in Muskau und Branitz verschwendet. *Fürst Franz von Anhalt-Dessau,* der in Wörlitz den ersten »natürlichen« Landschaftspark in deutschen Landen errichtete, war gleichfalls kein armer Mann. Ein wahrhaft fürstliches Hobby, diese Landschafts- und Gartenpoesie. *Sckell,* der den Englischen Garten in München schuf, arbeitete für einen Kurfürsten,

Peter Joseph Lenné endlich für einen König, den von Preußen.

Ganz wie die Dichterpoeten unterscheiden sich die Landschaftsgärtner, in ihrem Stil, der Zeit und ihrer Handschrift verhaftet, durchaus voneinander. Das etwas überladene Wörlitz, zwischen 1771 und 1800 entstanden, erinnert an eine Ode von *Klopstock* oder ein langatmiges Gedicht von *Albrecht von Haller. Sckell,* der den Englischen Garten 1789 begann, könnte man unter die Frühromantiker, *Pückler,* der in Branitz erst 1846 anfing, seinen letzten Park aus dem Boden zu stampfen, unter die Spätromantiker einreihen.

Lenné ist der Letzte dieser langen, hier keineswegs vollständig aufgezählten Reihe. Er ließe sich noch mit *Eichendorff* vergleichen, aber auch schon mit den aufkommenden realistischeren Poeten (*Gottfried Keller* etwa). Er bildet einen Übergang von feudalen Zeiten in demokratischere Zeitläufe, die er freilich nicht mehr erlebte. Unverloren bleibt bei Lenné bis ins hohe Alter der romantische Marmorbild- und Taugenichts-Geist erhalten. Aber er nennt sich doch auch schon bisweilen einen Garteningenieur, was gar nicht mehr romantisch klingt.

Der modernere Zungenschlag kommt nicht von ungefähr; er wird auch in seinem Gartenwerk spürbar. Schufen *Fürst Franz, Eyserbeck, Sckell* und *Pückler* ihre Parks noch für die oberen Zehntausend und dies mit praktisch unerschöpflichen Mitteln, so sah sich Lenné mit ständig wachsenden Großstädten konfrontiert, die im frühindustriellen Zeitalter Grün- und Erholungsflächen bitter nötig hatten. Waren die frühen Gartengestalter Utopisten, denen es gelang, ihre utopischen

Vorstellungen zu verwirklichen, so traten bei Lenné (der ebenfalls mit Utopien umgehen konnte) bare Notwendigkeiten hinzu, die den Landschaftsgarten verändern mussten – hin zu Grüngürtel, Erholungslandschaft, Stadt- und Volkspark. Lenné war kein Snob mehr, durfte keiner mehr sein. Trotzdem gelang es ihm, selbst in die kleinsten städtebaulichen Entwürfe ein Stück ursprünglicher Romantik und utopischer Landschaft einfließen zu lassen. Er war ein fortschrittlicher Konservativer oder umgekehrt: ein konservativer Mann, der in die Zukunft plante.

Die allmähliche Wandlung der Gartenidee vom 18. ins 19., vom feudalen ins bürgerliche Jahrhundert, von der Utopie, die nur von ganz Reichen zu verwirklichen war, zur allgemeinen Nutzung durch das »Volk«, hatte auch im Heimatland dieser Parkidee stattgefunden, in England. Hier war nun schon die dritte oder vierte Generation tätig, in der überragenden Person des *Humphry Repton*. Er bildete ein enges und freundschaftliches Team mit *John Nash*, dem großen Städtebauer, dem London Regent Street und Park verdankt. Die beiden bauten, beziehungsweise gärtnerten aufeinander zu.

Fast 50 Jahre hat auch Lenné mit einem bedeutenden Architekten und Städtebauer zusammengearbeitet, mit *Schinkel* (und dessen Schülern, die das Werk des Frühverstorbenen aufgriffen und fortführten).

Wie in London *Nash* und *Repton* fanden in Berlin *Schinkel* und Lenné zueinander – zum Garten gehört ein Haus, zum Haus gehört ein Garten. Handelte es sich zunächst um ein Schloss, einen Fürstensitz, ein hochherrschaftliches Gebäude, so später um eine Straße oder eine ganze Stadt, die gleichzeitig zu gestalten war.

Ein Hand-in-Hand mit einem geistesverwandten Architekten gehört zum Gartengestalter. Auch *Pückler* ist sie zwangsläufig eingegangen, zunächst mit *Schinkel,* später mit *Semper, Sckell* zeitweilig mit *Klenze.*

Die Poesie der Landschaftsgärtnerei, eine in jedem Sinne adlige Kunstform, wurde durch derartige Zusammenarbeit zweifellos noch verteuert. Sie kostet selbst in Republiken noch sehr viel Geld (das man allerdings schlechter ausgeben kann). Auf jeden Fall stammt sie aus hochfeudalen Zeiten, und neben allen neun Musen benötigte und benötigt sie doch einen weiteren Schirmherren in der Gestalt eines Mäzens oder Krösus. Allerdings waren die Landschaftsgestalter damals sehr gefragt. War der Fürst nicht höchstselbst ein Poet wie *Fürst Franz* oder *Fürst Pückler,* suchte man sich einen, heuerte ihn oder stellte ihn an, wie selbst *Fürst Franz* in Wörlitz *Eyserbeck* anstellte. *Schinkel* und Lenné waren – typisch preußisch! – sogar Beamte. Auf den Gedanken, auch das Musische zu verbeamten war man zwar nicht nur in Preußen gekommen, aber selten doch in derart lückenloser Symbiose. Lenné war tatsächlich beides ganz: Poet und Beamter. Ein Romantiker in der höheren Laufbahn.

Er war auch sonst eine Ausnahme. Unter all den vielen dilettierenden Adligen, den Malern, Baumeistern und sonstigen Landschaftsfachleuten befanden sich erstaunlich wenig Gärtner. Die wurden meist nur zu untergeordneter Tätigkeit verpflichtet. Lenné allerdings war – ein weißer Rabe – gelernter Gärtner. Er stammte aus uralter Gärtnerfamilie, der Vater Gärtner, die Vorfahren Gärtner, der Onkel Gärtner, alles Gärtner. Wenn sie auch keine Poeten waren oder dies doch nur in sehr beschränktem Maße, so machten sie sich doch als tüchtige Handwerksleute und Verwalter einen Namen.

Lenné, Poet und Garteningenieur, glich ihnen insofern, als es nur wenig Schriftliches von ihm gibt. Er publizierte selten, er lehrte so gut wie nie. Selbst die Planzeichnungen stammen meist von fremder Hand, später ausnahmslos von seinen Schülern oder besser: Gesellen. Er heiratete eine Frau, selbstredend aus alter Gärtnerfamilie, und brachte sein Leben als Gärtner hin, Gartengestalter, einer der bedeutendsten, aber zugleich als braver Beamter, der weiter kein Aufsehen erregte und solches auch nicht wünschte.

Dem Biographen legt sich in den Weg, was sich den vielen Engländern in den Weg legte, die daran gingen, eine *Dickens*-Biographie zu verfassen. In den 58 Jahren, die *Dickens* nur vergönnt waren, hat er wenig mehr getan als eben zu schreiben oder sich auszuruhen, um weiter schreiben zu können. Lenné ging es ähnlich. Er hat zwar länger gelebt, 76 Jahre wurde er alt, aber sein Leben galt beinahe ausschließlich seiner Arbeit. Er hat gegärtnert, Parks oder Gärten entworfen und angelegt, was er später mit gleicher Ausschließlichkeit auf Städtebau und Stadtpflege ausdehnte. Versessen in seine Aufgaben, auch wohl durch wachsenden Rang immer härter ins Joch gespannt, hinterließ er ein gewaltiges, weit ausgedehntes Werk. Wie bei *Dickens* verschwindet der Mensch Lenné fast völlig dahinter.

Lenné war fleißig wie *Schinkel* und ein Rädchen im Staatsgetriebe wie der andere Romantiker-Beamte in Preußen, *Eichendorff.* Im Gegensatz zu *Schinkel* konnte Lenné, ein geborener Organisator, jedoch delegieren. Und während *Schinkel* sich unter *Friedrich Wilhelm III.*

buchstäblich zu Tode geschuftet hat, schuf Lenné sich genügend Helfer und Helfershelfer, die ihm zur Hand gingen. Er konnte seine Kräfte dann auch noch unter *Friedrich Wilhelm IV.* entfalten, dessen Thronbesteigung der arme *Schinkel* nicht mehr erlebte.

Auch *Eichendorff,* dem ewigen Pechvogel, hatte Lenné eines voraus. Er war von Anfang an ein Glückskind, dem so gut wie alles gelang, was er anpackte. Als er, unwillig genug, ein eben erst dem Staate einverleibter Beutepreuße aus Bonn am Rhein, in Potsdam, seiner langjährigen Wirkungsstätte, eintraf, war er ein blutjunger Mann. Von vornherein protegiert und hoch geachtet, verlief seine Laufbahn glatt. Sie führte ihn steil nach oben bis zum Gartendirektor und endlich Generaldirektor aller königlich-preußischen Gärten. An der Spitze eines eigenen Mitarbeiterstabes hat er die Gärten nahezu aller preußischen Schlösser neu gestaltet und das Gesicht der Stadt Berlin, mehr noch das der Umgebung mitgeprägt.

Als er ab 1845 in zehnjähriger Arbeit den Landwehrkanal zum Schifffahrtsweg ausbaute und dabei die Stadt so gut wie umgrub, tauften ihn die Berliner boshaft-liebevoll »Buddelpeter«. Seit Lenné damit begonnen hat, hat die Buddelei in Berlin nie mehr ausgesetzt, was man fast am Zustand jeder beliebigen Berliner Straße ablesen kann. Der Buddelpeter empfing von seinem königlichen Herrn dann auch den Roten Adlerorden II. Klasse, einen weit höheren, als er bürgerlichen Beamten sonst zustand, die sich allerhöchstens des Roten Adlerordens IV. Klasse erfreuen durften (allerdings machte *Friedrich Wilhelm* da auch bei *Fintelmann,* dem Hofgärtner der Pfaueninsel, eine Ausnahme).

An Ehrungen hat es Lenné nicht gemangelt. Er war in Preußen ein hoch angesehener Mann. Noch zu Lebzeiten wurden zwei Straßen nach ihm benannt, eine in Potsdam und diejenige in Berlin, an der er sich von *Persius,* dem *Schinkel*-Schüler, sein Stadthaus errichten ließ. Er war Ehrenmitglied der Berliner Akademie der Künste, Ehrendoktor der Universität Breslau, auch wurde, für ihn wahrscheinlich die höchste Auszeichnung, von den Botanikern einer Magnolie sowie einer Pflanzengattung aus der Familie der Aaronstabgewächse *(Monstera Lennéana)* sein Name verliehen.

Aber obwohl er zudem ständiger Teegast bei *König Friedrich Wilhelm IV.* war, blieb seine Lebensführung bescheiden, beinahe unscheinbar. Er bewohnte zunächst die Dienstwohnung in dem von *Knobelsdorff* erbauten Gartendirektionshaus an der zur Hauptfontäne führenden Eingangsallee von Sanssouci. Die Räume waren, damals wenigstens, so anspruchslos, dass der König einen Umbau erwog, der aber nicht stattfand.

Hier heiratete Lenné seine *Louise Friederike,* eine Tochter des Hofgärtners Voß, mit der er eine 35-jährige glückliche und harmonische Biedermeier-Ehe führte. Zur Idylle gehörten auch Lore (grün) und Peter (grau), zwei uralte Papageien aus Voßschem Familienbesitz, sowie ein Schimmelgespann, an dem man in Berlin und Potsdam den Herrn Gartendirektor sofort erkannte. Die Papageien überschütteten Besucher mit Unfreundlichkeiten, und zu den Pferden gesellten sich zwei Originale, die dem Gartendirektor dienten, ebenfalls stadtbekannt: der äußerst geschwätzige Kutscher *Frehse* mit seinem frechen Mundwerk und der grobe, ewig unzufrieden vor sich hin grummelnde Diener *Karl,* der einmal sogar die Unverschämtheit beging, den König warten zu lassen. Ein weiteres Kennzeichen für Lenné waren Hunde, meist Neufundländer, für die er eine Vorliebe besaß und die er hauptsächlich zum Schutz der Potsdamer Gartenkasse hielt.

Die Ehe mit *Fritzchen,* wie er seine Frau nannte, blieb kinderlos. *Fritzchen* starb 1855, nicht an der Cholera, die damals im Lande herrschte, sondern, wie es scheint, aus Angst vor einer Erkrankung. Seine schrecklich bigotte und streitsüchtige Schwester *Margarethe* führte ihm fortan den Haushalt (und überlebte ihn um 15 Jahre).

Lenné war ein haushälterisch sparsamer Mann, im Beruf und daheim. Luxuriös ist anscheinend nur der Weinkeller gewesen. Er enthielt stets die besten Tropfen von Rhein und Mosel, dagegen – aus patriotischen Gründen – nie französische Lagen.

Carl Friedrich Zelter, der Berliner Musiker und Komponist, hat Lenné »genialisch, tüchtig, lebensfroh« genannt. Die beiden verbanden Interesse und Freude am Chorgesang, dem Lenné – sein wohl einziges Hobby – freilich nicht in *Zelters* Singakademie huldigte, sondern in der Potsdamer Liedertafel. Seine rheinische Frohnatur, die er zweifellos besaß, zeigte sich vor allem im Freundeskreis, der sich im Potsdamer Gartenhaus und später in Berlin, Lennéstraße 1, um ihn versammelte.

Lenné muss ein sehr geselliger Mensch gewesen sein. Am liebsten umgab er sich allerdings, zumindest in den Anfangsjahren, mit Kollegen: *Fintelmann* von der Pfaueninsel, einem Duzfreund, oder den vielen *Sellos,* die in Sanssouci gärtnerten, gern gesehen auch mit ihrer hübschen Töchterschar. Dann gab es bei den Lennés

Tanz, Gesang und Frohsinn, wurden Theateraufführungen veranstaltet und Landpartien arrangiert mit einem eigenen Küchenwagen, der die leiblichen Genüsse – nicht zuletzt den Wein aus Lennés berühmtem Keller – den Ausflüglern nachfuhr.

Als Lenné prominent wurde, machten zunehmend auch Prominente dabei mit. Da er jede Woche ein, zwei Tage in Berlin sein musste, hatte sich der Gartendirektor, auch schon ehe er sich ein eigenes Haus bauen ließ, im Tiergarten eine Art von Absteigequartier geschaffen mit einigen gemütlich eingerichteten Zimmern. *Therese Devrient,* die Frau des Schauspielers und Autors *Eduard Devrient,* berichtet in ihren »Jugenderinnerungen«:

Es gehörte damals zu den Annehmlichkeiten Berlins, bei Direktor Lennés eingeführt zu sein, sie waren beide gute, wohlwollende Menschen, die ihr Vergnügen darin fanden, andern ein Vergnügen zu bereiten. Von einem neuen Gedanken belebt, kam Frau Lenné eines Morgens zu uns, sie wollte bei sich Komödie spielen lassen, worauf auch ihr Mann sich ganz besonders freue und sie ermutigt hätte, Eduard zu bitten, dies Unternehmen zu leiten. Eduard war gern bereit. Sein Vorschlag, ein kleines Stück des dänischen Dichters Holberg »Der geschwätzige Barbier« zu geben, welches er zufällig jetzt bearbeitet und von allem Überflüssigen befreit hatte, wurde mit Freuden angenommen, die Besetzung und alle dazu nötigen Vorkehrungen gleich besprochen. Eduard wollte die Rolle des Barbiers übernehmen, ich sollte seine alte Mutter, unsere Marie eines der jungen Mädchen spielen (…) Das Stück brachte die Gesellschaft in die heiterste Stimmung, die sich auch nachher bei dem trefflichen Souper erhielt. Auch die Arbeiter und

die Dienerschaft in der Küche hatten bei einem Fäßchen Bier
und kräftiger Kost einen frohen Abend. Wir hörten zu öfteren
Malen ein Hoch auf das Wohl der Gastgeber erschallen, das
drinnen bei uns ein freundliches Echo fand.

Wer mögen die drinnen gewesen sein? Womöglich eine illustre und ganz gewiss eine heterogene Gesellschaft. Es kennzeichnet die vielfältigen Interessen, aber auch die Weltläufigkeit Lennés, dass bei ihm nicht nur Kollegen wie *Fintelmann* oder *Sello* sowie sozusagen Geschäftsfreunde und Partner wie *Schinkel* und *Persius* verkehrten, sondern Männer und Frauen aus nahezu allen Wissens- und Schaffensgebieten.

Viele sind uns noch heute bekannt. *Leopold von Ranke* etwa, der Begründer der modernen Geschichtswissenschaft, eine der großen Zierden der Berliner Universität in ihrer Frühzeit. Ebenfalls so etwas wie ein Begründer ist *Albrecht Thaer,* von dem die moderne rationelle Landwirtschaftslehre stammt, die den gelernten Gärtner Lenné wahrscheinlich noch mehr interessiert hat als die Historie. Der Maler *Carl Begas* hat uns Lennés Porträt überliefert, weniger idealisiert als die Büste von *Rauch,* die der König in Sanssouci aufstellen ließ.

Aber da finden sich auch Koryphäen der Zeit, die man heute nur noch in den Fußnoten der Kulturgeschichten findet, die jedoch einst in ihrem Metier bedeutend waren und viel Einfluss hatten. Zu den Berühmtheiten zählen *Fanny Elßler* und *Charlotte Birch-Pfeiffer*. Die *Elßler* dürfte die bekannteste Tänzerin des 19. Jahrhunderts gewesen sein und *Charlotte Birch-Pfeiffer,* selbst Schauspielerin, eine der erfolgreichsten Bühnenautoren ihrer Zeit. Nicht weniger als 74 Theaterstücke hat sie verfasst, die meisten nach Romanen wie »Der Glöckner von Notre-Dame« oder »Die Waise von Lowood«. So gut wie vergessen auch wohl ihr männlicher Kollege Karl von Holtei, der mit seiner »Lenore« und »Die Wiener in Berlin« die lange Reihe Berliner Singspiele ins Leben rief, eine volkstheaterhafte Frühform des Musicals.

Wer kennt heute noch *Samuel Heinrich Spiker?* Damals war er ein mächtiger Mann der Presse, Besitzer der »Spenerschen Zeitung«, die er auch redigierte. »Tante Voß« und »Onkel Spener« spotteten die Berliner über die beiden Qualitätszeitungen ihrer Stadt, als beide Organe auf die 1848er Revolution allzu zahm reagierten. Immerhin wurde »Onkel Spener« schon, ganz modern, auf einer Zylinder-Schnellpresse gedruckt. *Spiker* hatte viele Berufe ausgeübt, ehe er die »Spenersche Zeitung« kaufte. Er war Musiker, Geograph, Bibliothekar und Journalist, ein Hans Dampf in allen Gassen, dazu ein Hans im Glück wie Lenné.

Aber es waren nicht nur die Hochaufgestiegenen, die Erfolgreichen, die zu seinem Freundeskreis gehörten. Auch der *Schadow*-Schüler *Ludwig Wichmann* ging bei Lennés ein und aus. Er hatte sich auf allegorische Figuren spezialisiert und solche unter anderem für *Schinkels* Kreuzberg-Denkmal und das Opernhaus entworfen. Diese wurden von *Franz Kugler,* dem frühen Berliner Kunstpapst, heftig verrissen, zum Schaden seines Ansehens bis heute. Der unglückliche *Peter Cornelius* endlich, ein weiterer Gast Lennés, hasste Berlin geradezu als gottlose Stadt. Sie hatte ihn, den ehemaligen Nazarener, einen äußerlich kleinen, unscheinbaren Mann, mit Spott überschüttet, obwohl er doch international hoch geachtet war. Er war zwar Vizekanzler des Ordens »Pour le mérite« geworden, aber musste, Direktor ohne Amt, praktisch für die Schublade arbeiten. Der Campo Santo, den *Friedrich Wilhelm IV.* als Hohenzollerngruft für den Neubau des Berliner Doms plante, entstand nie, die umfangreichen Kartonskizzen der apokalyptischen Reiter, die *Cornelius* entwarf, wurden nie ausgeführt. So ganz wohl fühlte sich der geborene Düsseldorfer in Berlin nur bei seinem Landsmann Lenné, mit dem er sich sogar duzte.

Das alles ergibt zwar keinen Salon im klassischen Berliner Sinn, wohl aber einen achtbaren Querschnitt durch ein Kapitel Berliner Kulturgeschichte. Dazu gehört auch, was *Harri Günther,* Lennés DDR-Biograph, akzentuiert, indem er sich auf *Wichmann,* den Sohn des erwähnten Bildhauers, beruft:

Aus den spärlich erhaltenen Akten wie auch aus der Memoirenliteratur geht (…) so gut wie nichts über seine (Lennés) Einstellung zur Revolution 1848 hervor. Nur Wichmann vermerkt peinlich berührt, dass Lenné in dieser Zeit auch weiterhin Bekannten sein Haus offengehalten hatte, die der Liberalität, der Billigung oder Förderung revolutionären Gedankengutes bezichtigt wurden. Offensichtlich vertrat er diesen Standpunkt auch gegenüber Friedrich Wilhelm IV.

Lassen wir Letzteres dahingestellt sein. Romantische Poeten klettern nur selten auf Barrikaden, und der Gartendirektor war seinem König ganz sicher viel zu verbunden, um ihn auf anderen Gebieten zu belästigen außer dem eigenen. Auf seinem eigenen Gebiet konnte Lenné allerdings auch *Friedrich Wilhelm IV.*

gegenüber durchaus Halsstarrigkeit beweisen. Auch im privaten Kreis bestimmten ihn ausschließlich Beruf und persönliche Zuneigung. Lenné umgab sich mit Menschen, die er mochte, seien es glückliche oder unglückliche, berühmte oder unbekannte, Revolutionäre oder Konterrevolutionäre. *Harri Günther* hat weitere Berufe der Lenné-Gäste aufgezählt: Minister, Oberpostmeister, Stallmeister. Ein breites und ganz gewiss äußerst liberales Panorama. Auch *Zelter* schreibt begeistert an *Goethe:*

Die letzten Pfingsttage habe ich in Sanssouci beym Gartendirector Lenné verlebt, in dessen Wohnung neben dessen hübscher Frau (des Hofgärtners Tochter) ich mich unter Blumen und Blüten wie ein Käfer befunden habe.

Über seinen Freund *Zelter* ist Lenné dann auch in *Goethes* Werk gerutscht; immerhin war *Zelter Goethes* einziger Duzfreund. In einem anderen Brief des Berliners nach Weimar heißt es:

Lenné, gestern in Potsdam, konnte garnicht aufhören, Gutes zu sagen von deinen morphologischen Heften, indem er sagte, deine Buchstaben kämen ihm vor wie die Blätter des Baumes der Natur.

Goethe gab eine bescheiden-selbstbewusste Antwort, die in allen Lenné-Biographien zitiert wird und die dann auch hier nicht fehlen darf:

Ich möchte wohl mit einem solchen Mann das Feld durchwandern, wohin ich jetzt nur, wie Moses, vom Berg hinsehe.

Eine schmeichelhafte Äußerung, wie es viele gibt über den Fachmann Lenné. Aber es gibt auch sehr unschmeichelhafte. Bei aller Konzilianz besaß der Gartendirektor doch Charakterzüge, die ihn unbequem und oft geradezu unerträglich machten. Er war nicht ohne Selbstgerechtigkeit. Seine Untergebenen behandelte er, wie wir aus zeitgenössischen Quellen wissen, nicht selten herablassend oder unfreundlich. Es ist im Übrigen selbst der heiterste Mensch nicht immer heiter, im Gegenteil. Sobald die Heiterkeit erlahmt, kommt häufig ein Griesgram zum Vorschein; am Ende tragen wir alle, um erneut *Goethe zu* zitieren, zwei Seelen, ach, in unserer Brust. Lennés zweite Seele muss der seines Dieners *Karl* geglichen haben.

Selbst *Therese Devrient*, die so herzlich über den Theaterabend bei Lennés berichtet hat, hält nicht ausschließlich günstige Erinnerungen an den Hausherrn bereit:

Wer den steifen, trockenen, zeremoniellen Mann sah, würde schwerlich bei ihm so viel Phantasie und Erfindungskraft erwartet haben. Auch fehlte es ihm nicht an Energie und rastlosem Eifer, seine phantastischen Ideen auszuführen. Er verstand es, eine flache, uninteressante Gegend in eine reizende Landschaft umzuwandeln, und deshalb hielt ihn auch Friedrich Wilhelm IV. in hohen Ehren. Im Sommer, wenn der König in Sans-Souci wohnte, mußte Lenné mit wenig Ausnahmen die Vormittage bei ihm zubringen, brachte seine sehr sauber gezeichneten Aufrisse, Pläne, Berechnungen mit, und es war ein wahrhaft königliches Vergnügen: Hügel aufzuwerfen, Gruppen von großen, alten Bäumen zu verpflanzen und rieselnde Wässerchen zu schaffen.

Der Landschaftsgärtnerei im Allgemeinen, derjenigen Lennés im Besonderen stand die Schauspielergattin anscheinend eher ironisch gegenüber. Nun darf man nicht vergessen, dass Lenné es als beamteter Poet doppelt schwer hatte. Musste er doch – halb Künstler, halb Büromensch – sein Können, seine Ideen, all seine Höhenflüge ständig in ein enges Korsett zwängen. Zudem ging auch dem Glückspilz Lenné nicht immer alles glatt von der Hand. Mochte er vormittags beim König sein und zum Tee schon wieder; seine Entwürfe musste er auf dem Dienstweg einreichen, in umständlichem Verfahren. Solange *Friedrich Wilhelm III.* auf dem Thron saß, galt es, allerlei diplomatische Tricks anzuwenden, um überhaupt einen Entwurf durchzubringen; *Friedrich Wilhelm III.* war womöglich noch sparsamer als Lenné und wortkarg dazu. Später, unter *Friedrich Wilhelm IV.,* litt alles unter dem Besser- oder doch zumindest Genausogut-Wissen des Königs. Er war am Ende selbst *Schinkel-* und Lenné-Schüler, ein keinesfalls unbegabter dazu. *Therese Devrient* hat einen weiteren bezeichnenden Vorfall überliefert:

So war wieder ein großes Projekt entworfen und genehmigt worden, der König in seiner ungeduldigen Weise drängte, die Arbeit zu beginnen, und da Lenné keine Mittel zu scheuen hatte, machte er sich gleich daran. Man sah noch bis spät in der Nacht seine Arbeitslampe im Studierzimmer brennen und konnte ihn schon am frühen Morgen draußen bei den Arbeitern finden. Da kam Frau Lenné eines Tages sehr aufgeregt zu uns, um zu erzählen, was ihrem Mann geschehen sei. Der König hatte sich natürlich mit seiner regen Erfindungsgabe auch mit dem Plan zur Verschönerung seines Potsdam sehr eingehend beschäftigt und zu Lennés Schrecken in den fertig vorhandenen Plan seine Wünsche zu Veränderungen hineingezeichnet. Lenné im ersten Unwillen darüber habe vielleicht ein wenig unpassend dem König gesagt, daß dies nicht mehr möglich sei, da die Arbeit zu weit fortgeschritten. Der König, sehr verstimmt darüber, habe ihn ungnädig entlassen. Frau Lennés Bitten dem Könige, wenn nicht in allem, doch in einigen Punkten nachzugeben, was die Majestät zu öfteren Malen gegen ihn getan, hätten nichts gefruchtet, und so bat sie denn Eduard und den Geheimrat Seiffert, einen genauen Freund Lennés, sobald als möglich hinüberzukommen, ihm vernünftig zuzureden, da sie fürchte, er könne etwas tun, was ihn später reuen würde. Den Tag darauf konnte Eduard nicht fort, und als die beiden Friedensstifter nach ein paar Tagen hinüberkamen, fanden sie alles schon wieder in bester Ordnung. Lenné, der mit wahrer Zärtlichkeit an dem König hing, konnte diesen Zustand nicht länger ertragen, ließ sich bei demselben melden und ward so freundlich und gütig aufgenommen, daß bald jede Mißstimmung schwand. Die großen Baumgruppen und Hügel durften stehenbleiben, nur die Bosquets (Gebüschpflanzungen) mußten andere Plätze schmücken, und einige Wässerchen mußten über andere Stellen rieseln.

Bei *Friedrich Wilhelms* Vater und Vorgänger pflegte Lenné eine andere Methode anzuwenden. Eines seiner Hauptwerke, der Berliner Tiergarten, den er in so gut wie lebenslanger Arbeit umgestaltete, kostete ihn besondere Mühe und machte fast fünfzig Jahre lang Ärger. Der Gartendirektor musste einmal sogar mit seiner Kündigung drohen, bis er entdeckte, dass *Friedrich Wilhelm III.* zwar vor langzeitigen Planungen zurückschreckte und sie auf die lange Bank zu schieben geneigt war. Kleinere (und daher billigere) Umgestaltungen gestattete er schon eher, weshalb Lenné seine Pläne vielfach in winzige Segmente teilte, diese einzeln und behutsam nacheinander einreichend (selbstredend auf dem Dienstweg) und nach gnädiger Erlaubnis verwirklichend. Auch eine aufreibende Tätigkeit.

Wir sehen heute, wo es noch möglich ist, den Gartenpoeten mit seinen verschlungenen Wegen, den bei Lenné stets besonders auffällig gestalteten Sichtachsen, in die sich so viel Symbolik hineingeheimnissen lässt, mit den abwechslungsreich eingegliederten Sondergärten und den virtuos genutzten exotischen Pflanzen, die so schöne fremde Akzente in die norddeutsche Landschaft gesetzt haben. Und wir sehen die Biedermeier-Idylle mit *Fritzchen* in Potsdam, die an seinen Schwiegervater *Voß* erinnert, der, so *Wichmann* in seinem Aufsatz »Peter Lenné hinter dem Grünen Gitter«, sein »ganzes Leben hinter dem Grünen Gitter heiter und glücklich zwischen seinen Blumen verträumt hatte«. (Das Grüne Gitter bildet unmittelbar neben der Friedenskirche und Lennés schönem Marlygarten den Eingang in die Schlossanlagen von Sanssouci, wenn man von der Stadt Potsdam kommt.)

Was wir nicht sehen, ist die tagtägliche Mühsal, der ständige Kampf um jedes Projekt, die schwere Verwirklichung der Pläne, das Rechnen, Kalkulieren, Organisieren, Beaufsichtigen, Diskutieren, Überzeugen und Überzeugenlassen, die komplizierte Handhabung aller Gegebenheiten – mit den höchsten Bauherren bis herab zum kleinsten Hilfsgärtner. Mögen Dichter zu Feder und Papier greifen, Maler zum Pinsel, Bildhauer zu Spachtel und Meißel, wenn sie Poetisches schaffen

Lenné, Foto um 1865

wollen. Der Architekt und der Landschaftsgärtner haben es schwerer. Die Erschaffung eines Landschaftsgartens erschien *Edgar Allan Poes* Ellison die grandioseste aller Möglichkeiten für einen musischen Menschen. Es ist auch die mühsamste. Mit dem Bleistiftstrich, den Lenné genialisch in den Plan von Klein-Glienicke setzte, war es am Ende auch nicht getan. Da musste abgesteckt, gepflanzt, gebaut, herangeschafft und abgekarrt werden, ehe aus einer Gartenidee ein Stück Poesie werden konnte.

Es gibt Photographien vom alten Lenné. Da steht oder sitzt er, eher klein als mittelgroß, im stattlichen Gehrock, den Zylinder in der Hand. Das einst kastanienbraune Haar ist schlohweiß, nur das oft zitierte klare Auge blickt uns noch unverwandt an. Auch die ebenfalls viel genannten markanten Falten im Gesicht sind vorhanden, und man könnte im Mund sogar etwas Spöttisches erblicken, wie es so viele Zeitgenossen taten. Der Gesamteindruck jedoch ist anders. Ein müder Mann. Ein herber Poet. Ein abgearbeiteter Gärtner.

Der englische Landschaftsgarten

Die Gärtnerei dürfte fast so alt sein wie die Menschheit. Und auf den reinen Nutzgarten wird bald der so genannte Ziergarten gefolgt sein. Beim – leider wohl allzu gut gelungenen – Versuch, sich die Erde untertan zu machen, musste auch der erschreckend wild wachsenden Natur Zügel angelegt werden. Dem Nahrungsverlangen des Menschen pflegt ohnehin sein Schmuckbedürfnis auf dem Fuße zu folgen.

Es ist hier nicht der Ort für eine Geschichte der Gartenkunst. Nur so viel: Es hat schon früh, es hat beinahe schon immer, jedenfalls bereits im Altertum, zwei Prinzipien gegeben, die frei wuchernde Natur zu zähmen. Die eine wurde, wie wir aus Grabdarstellungen wissen, von den alten Ägyptern angewandt: die geometrische. Der Mensch hat seit alters eine Vorliebe für die Ordnung im rechten Winkel, den es in der Natur nicht gibt. Bei den Ägyptern standen die Bäume in schnurgeraden Reihen, und bei Blumen, Wasserläufen und Lauben herrschte strenge Symmetrie, wie sie in der Natur gleichfalls nicht vorkommt. Anders die Assyrer. Sie legten ihre Parks unter Wahrung natürlicher Formen an – wollten sie doch in ihnen jagend herumstreifen.

Noch eine dritte Methode, auf die wir stoßen werden, ist auch schon einmal da gewesen, der Mischstil, ein Kompromiss, bei dem man das eine tut und das andere nicht lässt. Bei den Persern gab es sowohl Landschaftsgärten als auch terrassenartig geometrische, die ersteren als freier Tierpark, die letzteren wohl nach dem Vorbild der babylonischen »Hängenden Gärten« eingerichtet, von denen derjenige der Semiramis bekanntlich zu den Sieben Weltwundern gerechnet wurde.

In Tivoli nahe Rom kann man Gärten des einen und des anderen Typs unmittelbar nacheinander besuchen. Die antike Villa Adriana findet sich eingebettet in Busch, Baum, Wiese und Teich, die Renaissancevilla d'Este dagegen in die strenge architektonische Linearität perspektivisch auf sie zulaufender Alleen. Der jeweilige Gartenstil hat sich im Laufe der Geschichte nach dem jeweiligen Klima gerichtet, aber auch nach Mode, sich wandelndem Geschmack und nicht zuletzt dem Zeitgeist.

Keine Kunstart spiegelt den Geist der Epoche ihrer Entstehung besser und intensiver wider als Garten und Park. Er charakterisiert, weithin ausgebreitet, wen immer oder was immer er umgibt, Kaiser, König, Stadt, Burg, Patrizier oder Gemeinwesen. Er wirkt wie ein Aushängeschild, ein gesellschaftliches Credo desjenigen, der ihn schuf (oder in Auftrag gab). Herausgesprungen ist dabei immer eines der beiden Hauptprinzipien, die wir eben erwähnt haben. Entweder wurde der Natur Vorrang eingeräumt oder dem Menschen.

Frankreich im Zeitalter des Absolutismus: Es passt zum Sonnenkönig *Ludwig XIV.,* dass unter ihm das Pendel weit zur einen, naturfernen Seite ausschlägt. Sein Hofgartenarchitekt *André Le Nôtre* übernimmt sozusagen die Führung der europäischen Gartenkunst. Alles ist streng abgezirkelt, die Wege sind mit Kies bestreut, die Kanten scharf abgestochen, die Beete in Buchsbaum eingefasst mit spitzwinkligen Kanten, die Bäume kubisch, pyramidisch oder phantastisch beschnitten, dass sie aussehen wie abstrakte stereometrische Gebilde oder exotische Tiere, aber nicht mehr wie Bäume. Ein Abbild des allgemeinen Zustands, in dem sich Europa – und nicht nur Frankreich – befindet, Symbol kompletten Untertanengeistes.

Le Nôtres Gärten in Versailles, Fontainebleau, aber auch sein Tuileriengarten werden viel bewundert und überall flugs nachgeahmt. Er hat übrigens auch England, das Land, das bald den Gegenschlag des Pendels einleiten wird, überzeugt, was die Anlagen in Greenwich beweisen und der St. James Park in London, den allerdings *John Nash* (sicher mit tätiger Mithilfe *Humphry Reptons*) später gründlich verändert hat. Bis weit hinein ins 18. Jahrhundert bleibt *Le Nôtres* Stil jedenfalls vorherrschend. Man kann ihn wohl auch tatsächlich als die Krönung der naturfernen Parkkunst ansehen – die nun wirklich total unterworfene Natur, Baum, Busch und Blume als Sklaven ehernen Gestaltungswillens, wirkt noch heute imposant und einschüchternd. Wer käme sich nicht in Versailles oder Schönbrunn zwergenhaft klein vor inmitten der Kiesavenuen, die allesamt auf ein, auf das Schloss zulaufen. Auch die haushoch spritzenden Brunnenfontänen, die vielen allegorischen Standbilder und Plastiken, der ausgetüftelte ornamentale Formenreichtum der Blumenrabatten scheinen den Einzelnen ducken zu wollen, der sich anmaßt, zwischen ihnen herumzuwandeln.

Unwillkürlich glaubt man jedoch, im Hintergrund auch schon das Donnergrollen jener beiden Revolutionen zu vernehmen, die dieser höfisch-absolutistischen Welt ein Ende bereiten, der Amerikanischen und der Französischen. Aber vorher findet eine andere Revolution statt, gewissermaßen als ästhetisches Vorspiel: die Geburt des Englischen Gartens. Man muss ihn als kulturhistorischen und künstlerischen Protest gegen die allgemeine Unfreiheit und Knebelung des Einzelnen sehen. Stammt er doch aus denselben politischen Gegebenheiten und von denselben Urhebern.

Zu ihnen zählt zweifellos *Jean-Jacques Rousseau,* dessen Ideen mehr auf die Gartenrevolution eingewirkt haben als die aller Gärtner oder Künstler. *Rousseau* hat zwar nie jene Forderung aufgestellt, die man meist mit ihm in Zusammenhang bringt: Zurück zur Natur! Aber das Natürliche, das Unverbildete, dazu die Glaubens- und Meinungsfreiheit hat er doch, in aller Unschuld, der Gekünstelt- und Gespreiztheit seiner Zeit entgegengestellt.

Auch in England selbst waren es zunächst keine Gartenbauer, die sich gegen den Stil *Le Nôtres* und seiner Nachfolger erhoben, sondern Schriftsteller – bezeichnenderweise solche, die auch politisch tätig waren. Aus ihrem Wunschdenken entwickelten sich die Ideen für einen Garten aus Landschaft statt aus beschnittener und vergewaltigter Natur. Das Hauptverdienst dürfen dabei zwei politische Gegner für sich beanspruchen: *Joseph Addison* (Whig – das heißt Liberaler) und *Alexander Pope* (Tory – also Konservativer). *Addison,* der die einflussreiche moralische Zeitschrift »Spectator« herausgab, ein brillanter Essayist, forderte – nach einem Besuch Fontainebleaus und Versailles' – eine Abkehr von der beschämenden Gleichförmigkeit und Regelmäßigkeit französischer Parks zugunsten von »irregularity, asymmetry, wildness« – Unregelmäßigkeit, Asymmetrie, Wildnis. *Alexander Pope,* der glänzende Satiriker und kenntnisreiche Homer-Übersetzer, ging noch weiter. Er wollte die Einstellung des Menschen zur Natur im Sinn politischen Freiheitswillens verändert sehen, der Garten war ihm – in der Formulierung *Heinz Joachim Müllenbrocks* – eine »moralische Veranstaltung«. *Pope* beließ es jedoch nicht bei der Theorie. Er schuf sich 1716 in Twickenham, westlich von London an der Themse (wo sich später auch der große Maler *William Turner* sein Haus baute), einen kleinen Garten, nur wenige Morgen groß, aber so etwas wie die Urzelle des englischen Landschaftsgartens. Ein anderer Dichter machte es ihm nach: *Goethe* in Weimar, allerdings zwei Menschenalter später, 1778.

Mögen die Schriftsteller vorangegangen sein. Die Künstler griffen die Idee auf, als erster *William Kent,* von Haus aus Maler und Architekt. Er ist der eigentliche Schöpfer des klassischen englischen Landschaftsgartens. Drei von ihnen sind erhalten, die Elysian Fields von Stowe in Buckinghamshire, Stourhead in Wiltshire und Rousham bei Oxford. Rousham gilt als seine Meisterleistung; man könnte auch Stourhead vorziehen, weil es den Klassizismus, auf dem die Gartenbewegung fußt, viel besser verkörpert. In zwei Arbeitsgängen zwischen 1743 und 1776 entstanden, sieht es in Stourhead noch immer aus, als hätte *Claude Lorrain* die Natur gemalt und *Palladio* selbst die Tempel und Grotten hineingesetzt. Für *Lorrain* haben die Engländer seit jeher geschwärmt und *Palladio* noch 200 Jahre nach seinem Tode so sehr übernommen und nachgeahmt, dass man ihn fast schon als einen englischen Architekten bezeichnen könnte. Ein lang gestreckter, künstlicher See in einem lauschigen Tal, sanft gewelltes Land, malerische Ausblicke, natürlich gepflanzte Baumgruppen, zwischen denen – schon seit dem frühen 18. Jahrhundert – Rhododendronsträuche wuchern, man kommt sich vor wie in einem klassizistischen Bild; eine intime Landschaft. Aber sie wird durchsetzt von Bauten, meist Tempeln, antiken Göttern gewidmet, Ceres oder Flora. Noch soll Kunst die Natur veredeln und erhöhen.

Lancelot Brown, Kents Schüler, der bei ihm in Stowe gelernt hat, geht rigoroser vor. Er popularisiert nach 1750 *Kents* Stil, indem er die Natur weiter (auch pathetischer) in den Vordergrund rückt. Unter seinem Spitznamen *Capability* wird er bald berühmt, weit über die Grenzen Englands hinaus. Das Wort Capability (Fähigkeit, Begabung) führt er oft im Mund, wenn es um die Neu- oder Umgestaltung von Parks oder Gärten geht. Er ist der Hochromantiker des Landschaftsgartens, sicher sein erfolgreichster Gestalter. Sein Meisterwerk ist der Park von Blenheim Palace (in dem dermaleinst *Winston Churchill* geboren werden wird, weil seine Mutter dort zu einem Ballfest eingeladen ist). Auch hier bildet ein künstlicher See Mittel- und Höhepunkt einer abwechslungsreichen Landschaftsgestaltung, die vorbildlich geworden ist. Unter anderem hat *Pückler* hier viele Anregungen für seinen Landschaftspark in Branitz gefunden und aufgegriffen.

Repton, dem dritten großen englischen Gartengestalter in nun schon dritter oder sogar vierter Generation, sind wir bereits an der Seite des *John Nash* begegnet. Inzwischen haben sich die Zeiten gewandelt und beruhigt. Die Wirren, die jede Revolution mit sich bringt, sind vorbei und damit auch das Freund-Feind-Denken. *Repton,* der Nachromantiker (und daher, obgleich früher als dieser, am ehesten mit Lenné zu vergleichen), kehrt in gewisser Weise zur Geometrie zurück, jedenfalls schließt er sie nicht so konsequent aus wie *Kent* und *Brown.* So lässt er auch hin und wieder schnurgerade Wege gelten und selbst architektonische Blumenbeet- und Rabattengestaltungen, die er meist in grün umzäunten Separatgärten unterbringt. Bei ihm, der im Gegensatz zu den beiden großen Vorgängern keine künstlichen Seen mag – weil sie ihm nicht gelingen, wie seine Feinde behaupten –, vermischen sich beide Stile wieder, der geometrische und der natürliche, wenn auch die Natur nach wie vor dominiert.

Kennzeichnend für *William Kents* Revolution war, dass er den Pleasure-ground, das Rasenstück, das Schloss oder Landsitz umgab und vom eigentlichen Park trennte, in den Park integrierte. Der Pleasure-ground diente im Sommer der Repräsentation, dem Tee-Empfang, der Bewirtung des nachbarlichen Adels. Gleichzeitig hob er die Herrschaftsgebäude aus dem Garten heraus wie auf einem Tablett und machte sie zur feudalen Landmarke. Das war *Kent* zuwider. *Repton* führte zwei Generationen später die Trennung von Park und Pleasure-ground wieder ein, als ahne er, dass der Freiheitsimpuls nach den Napoleonischen Kriegen ermatten und in ganz Europa eine Restauration der alten Adelsvorherrschaft einsetzen würde. Der Landschaftsgarten hatte sich allerdings damals schon so weit international durchgesetzt, dass er keineswegs wieder durch Gärten im französischen Stil ersetzt wurde. *Rep-*

tons winzige reaktionäre Reaktion dürfte trotzdem bezeichnend sein für den Wandel der Zeiten.

Zu seiner Zeit will jeder, der ein Schloss, eine Burg oder einen größeren Landbesitz sein eigen nennt, einen englischen Landschaftsgarten haben. Und wenn er einen französisch-geometrischen besitzt, möchte er ihn verändern lassen. *Repton* befindet sich wie vorher schon *Capability Brown* in ständiger Zeitnot. Sein berühmtes Gartenwerk, »Observations on the Theory and Practise of Landscape-gardening«, muss er 1803 während seiner Dienstreisen unterwegs im fahrenden Wagen schreiben.

Nach 1760 wird der Sieg des Landschaftsgartens über die beschnittene Geometrie (bei dem gewiss ein frühes ökologisches Bewusstsein mitgespielt hat, das auch schon bei *Rousseau* zum Ausdruck kam) nahezu total. Der Landschaftsgarten im englischen Stil erobert den Kontinent gleichsam im Fluge, sogar Frankreich, wo man ihn »Jardin romantique« nennt. Wir finden ihn weit östlich in Russland (Zarskoje Selo oder Pawlowsk) und jenseits des Atlantiks in Amerika, wo sich mitten in der Steinwüste New Yorks bis auf den heutigen Tag der Central Park – England in Manhatten – ausbreitet.

In einem Sonett *Goethes,* das 1802 entstand, also etwa zur gleichen Zeit, in der *Repton* sein Lehrwerk in einer Kutsche verfasst, heißt es:

Natur und Kunst, sie scheinen sich zu fliehen
Und haben sich, eh man es denkt, gefunden;
Und wenn wir erst in abgemeßnen Stunden
Mit Geist und Fleiß uns an die Kunst gebunden,
Mag frei Natur im Herzen wieder glühn.

Man verzeihe mir diesen Ausflug in die Geschichte des Landschaftsgartens, so kurz – und vielleicht zu kurz – er ausgefallen sein mag. Aber wenn man Leben und Werk Lennés verstehen will, muss man die Zusammenhänge kennen, in die er gehört. Er ist, was den englischen Gartenstil betrifft, ein Spätgeborener. Stil und Empfindungskraft, Erfahrungen und Kenntnisse übernimmt er von Vorgängern. Auch wohl das Freiheitsverlangen, das in diesem Stil zum Ausdruck kommt und das er eingliedern muss in einen veränderten Zeitgeist.

Die Revolution hat längst stattgefunden und sogar schon mehrere Stadien durchlaufen. Als Lenné geboren wird, ist *Kent* schon über 40, *Brown* schon sechs Jahre tot und *Repton* mit 37 Jahren auf der Höhe seiner Schaffenskraft.

Die Deutschen hinken sowieso, wie andere Nationen auch, den Engländern weit hinterher. Den Landschaftsgarten, ganz gewiss einer der bedeutendsten und nachhaltigsten kulturellen Beiträge Englands im europäischen Rahmen, hat erst *Sckell* in Deutschland eingeführt. 1777 kehrt er nach vierjährigem Studium aus England nach Schwetzingen zurück, wo er Teile des weitläufigen geometrischen Parks in einen natürlichen verwandelt. Nach München gerufen, gestaltet er den Englischen Garten der bayerischen Hauptstadt, der ihn zum führenden Mann seiner Richtung in Europa macht.

Sein etwas trockener Stil, vor allem seine strenge Trennung unterschiedlicher Baumarten, auch seine nicht immer optimal gehandhabte Wegeführung sind häufig bemängelt worden; Fehler übrigens, von denen sein zeitweiliger Schüler Lenné gelernt zu haben scheint und die *Sckells* hohem Rang unter Deutschlands Landschaftsgärtnern keinen Abbruch tun.

Da ist freilich Wörlitz, der viel bewunderte erste Landschaftspark auf deutschem Boden, kurz nach 1771 begonnen, bewundert von so unterschiedlichen Leuten wie *Goethe, Alexander von Humboldt, Rousseau* persönlich, *Herder, Lawrence Sterne, Pückler* und *Winckelmann.* Um den Wörlitzer See nahe Dessau, der in Wirklichkeit ein toter Arm der Elbe ist, zieht er sich herum – ein Traum, den *Leopold Friedrich Franz von Anhalt-Dessau* träumte. Er wollte, frühzeitig der neuen Gartenbewegung verfallen, sein ganzes Fürstentum in ein Gartenreich verwandeln, und wahrhaftig, noch heute, wenn man nach über 200 Jahren ins ehemalige Anhalt gerät, merkt man es dem Land an. Vom Elbdeich aus sieht man noch weit in der Ferne hübsch gestaffelte Baumgruppen oder Obstbaumalleen, die alle einem Schlosspark entgegenlaufen, Luisium, Mosigkau, Georgium oder Oranienbaum.

Wörlitz selbst ging und geht, nein, gleitet ins Land hinein, nirgends findet sich ein Zaun. Man ahnt nicht, wo der Park, in den Kornfelder – einzigartig in der Welt – integriert sind, anfängt oder das Land aufhört.

Zudem sind dem *Fürsten Franz,* der solcherart Gartenreich, zu Recht übrigens, als aufklärerisch betrachtete, in Zusammenarbeit mit den Architekten *Erdmannsdorff,* den Gärtnern *Eyserbeck* sowie Vater und Sohn *Schoch* romantische Partien gelungen, denen man wenig an die Seite stellen kann. Das Ganze, deutlich von Stourhead beeinflusst, ist jedoch überladen und wirkt streckenweise mit all seinen Grotten, Kaskaden, künstlichen Klippen, Schwingebrücken, Tempeln, Säulen und sogar einem Amphitheater nebst künstlichem Vulkan wie ein Raritätenkabinett.

Immerhin: Dem *Fürsten Franz* gebührt schon ein Lorbeerkranz für den utopischen Versuch, ein ganzes, wenn auch winzig kleines Duodez-Fürstentum in einen Landschaftsgarten umzukrempeln. Sagen wir, in deutschen Landen vertritt Wörlitz, 28 Jahre nach Stourhead und 18 Jahre bevor *Sckell* den Englischen Garten begann, den Klassizismus. *Sckell* wäre dann der Vor-, *Pückler* der Hauptromantiker. Letzterer, der Dilettant, hat in Muskau und Branitz zweifellos die eigenwilligsten englischen Landschaftsgärten geschaffen, ihnen eine individuelle deutsche Variante beigegeben. Das Nachromantische, Glienicke vor allem, wird Lennés Feld.

Nicht verschwiegen sei, dass ganz wie die Romantik auch der englische Landschaftsgarten nicht nur Zuspruch, sondern auch seine Verächter gefunden hat. Ein Beispiel dafür ist *Leo von Klenze,* dessen Bauten München ähnlich bestimmen wie die *Schinkels* Berlin. »Pratolino oder Lehrbriefe über die Gartenkunst« heißt ein Aufsatz von ihm, in dem er die Umgestaltung eines der schönsten italienischen Barockgärten in einen Garten englischen Stils lauthals beklagt. Pratolino liegt rund 13 Kilometer nördlich von Florenz, eine großherzogliche Villa (heute: Villa Demidoff), 476 Meter über dem Meeresspiegel gelegen, mit einem Park, von dem man einen einzigartigen Ausblick auf den Appenin genießt. *Klenze* äußert sich wie folgt über die Neugestaltung durch einen böhmischen Gartenarchitekten:

Da fehlt es denn nicht an allen Erfordernissen eines solchen Englischen Gartens, nicht an krummen Wegen, um möglichst langsam an einen Ort zu gelangen, den man bald erreichen möchte, nicht an einem Rasenplatz, genannt Bowling Green, auf welchem zu gehen bei schwerer Strafe verboten ist, nicht an einem See, der außerhalb des Gartenbezirks Pfütze heißen würde, und nicht an Bosquets von wenigen Quadratfuß, auf welchen die Stauden und Bäume aller fünf Weltteile vor Schrecken und Verwunderung, sich so nahe beisammenzufinden, blaß und gelb werden. Daß dies alles mit einer gehörigen Anzahl von Brünnchen, mit einigen Tempelchen und Kiosken und einer Einsiedelei verunziert war, versteht sich. (… Die Idee sei), das Ganze der Natur zu zerlegen, die einzelnen Teile nach Zweck und Absicht zu bearbeiten und zu verändern, um sie gleichsam, wie nach einem Apothekerrezept, wieder zusammenzusetzen.

Liebhaber formaler Gärten können es auch so sehen. Umso mehr als mit Pratolino wohl tatsächlich ein Musterexemplar alter Gartenkunst zerstört und nichts Gleichwertiges an die Stelle des Juwels gesetzt worden ist.

Lennés Aufgabe wird es sein, neue Impulse in die Spätzeit des romantischen Landschaftsgartens zu bringen. Er ist ein Aufgreifer und Vollender, aber kein Epigone. Durch ihn wird die Gartenrevolution zur Gartenevolution. Bei ihm beginnt der Übergang in die Moderne mit allen ihren Licht- und Schattenseiten.

Der Gärtner

Anfang des 19. Jahrhunderts befinden sich die Gärten um Potsdam – wie alles andere auch – in einem erbärmlichen Zustand. Ganz Preußen leidet noch unter den Nachwirkungen der eben beendeten Napoleonischen Kriege. Das Land hat zwar letztendlich den Sieg davongetragen, aber auch eine empfindliche Niederlage, eine langjährige Besetzung durch den Feind, eine Dauerwirtschaftskrise und ungeheure finanzielle Einbußen hinter sich. Gesiegt hat Preußen ohnedies nur im Windschatten Russlands und Englands. Jetzt gilt es aufzuräumen.

Eine schwere Aufgabe für den König *Friedrich Wilhelm III.* Ein überzeugter Pazifist, der nur sehr wider Willen in die kriegerischen Handlungen verstrickt worden ist, einer jener Frömmsten, die nicht in Frieden leben können, weil es den bösen Nachbarn nicht gefällt, dürfte er kaum der richtige Mann für eine derartige Sisyphusarbeit sein. Er überlässt die innenpolitischen und wirtschaftlichen Aufgaben seinem Staatskanzler *Hardenberg,* ganz wie er es seiner früh verstorbenen *Königin Luise* auf dem Totenbett geschworen hat.

Den kulturellen Wiederaufbau nimmt dem schwerblütigen, wortkargen, unkommunikativen Mann niemand ab. Ihn muss der König von Preußen aus der Privatschatulle bezahlen, und *Friedrich Wilhelm* gilt als äußerst sparsam, wenn nicht sogar geizig.

Trotzdem hat die Geschichtsschreibung ihm Unrecht getan, wenn sie ihn immer nur als einen der schwächsten Gestalten auf dem preußischen Königsthron reichlich naserümpfend abgehandelt hat. Er hatte seine guten, ja seine bewundernswerten Seiten. Mag er auch kein musischer Mensch gewesen sein, so verdankt Preußen ihm immerhin die Berliner und die Bonner Universität, und als Bauherr dürfte ihn kein Monarch seiner Zeit übertroffen haben, ließ er doch den jüngeren *Langhans* und *Schinkel,* Lenné, *Schadow* und *Rauch* ihre Talente entfalten, ohne ihnen hineinzureden. Er wollte nur alles eben möglichst preiswert, was manchem Künstler nicht einmal schlecht bekam. In seinem Standardwerk »Potsdamer Baukunst« schreibt *Friedrich Mielke:*

War Friedrich Wilhelm III. auch keine Persönlichkeit mit durchsetzungsfähigem Gestaltungswillen und mißtraute er verschiedentlich dem eigenen Geschmack, so ehrt ihn diese Zurückhaltung mehr, als daß sie ihn herabsetzen könnte. Anders als vorangegangene Autokraten, die ihre eigene Unzulänglichkeit zum Maßstab setzen, wußte er um seine Grenzen. Es tat seiner Würde keinen Abbruch, bereitwillig auf die architektonischen Vorstellungen anderer einzugehen, sie zu fördern, ihre Ausführung zu genehmigen und meistens auch zu bezahlen.

Für die Pflege der Gärten stand nur eine Anzahl braver, aber meist älterer Gärtner zur Verfügung, die vor dem allgemeinen Verfall der Anlagen zu resignieren begannen. Da die Gartenpflege dem Hofmarschallamt unterstand, war Hofmarschall *von Maltzahn* emsig auf der Suche nach einem schöpferischen Talent, das Ordnung in die Unordnung bringen und auch gelegentlich etwas Neues in Angriff nehmen könne. Schon ein paar Jahre vorher hatte man zu Arbeiten am Potsdamer Neuen Garten und einer Erweiterung der Charlottenburger Anlagen *Johann August Eyserbeck* aus dem Gartenreich Wörlitz abwerben müssen. Aber der war 1801, erst 39-jährig, gestorben. Und vom Oberhofbaurat *Johann Gottlieb Schulze,* dem die Gartendirektion unterstand, waren landschaftsgärtnerische Ideen nicht zu erwarten. Er kam, ein fleißiger und gewissenhafter Beamter, aus der Verwaltung.

Abgeworben hatten die darin äußerst bewanderten Preußen auch die führende Kapazität auf dem Gebiet des Forstwesens, *Georg Ludwig Hartig,* und ihm als Oberlandforstmeister das gesamte preußische Forstwesen unterstellt. Er war gelernter Jäger, hatte aber nach Erwerb des Jagdlehrbriefs – der einzige Jäger an der Universität Gießen! – Botanik studiert und ein international anerkanntes, für den Waldbau Epoche machendes Werk geschrieben, die »Anweisung zur Holzzucht für Förster«, die 1791 erschienen war.

Als Erfinder des so genannten Hochwaldkonservationshiebs unter Forstleuten und Gärtnern wohl bekannt und viel gerühmt (ein späteres Buch namens »Beweis, daß durch die Anzucht der weißblühenden Accacie schon wirklich entstandenem Brennholzmangel nicht abgeholfen werden kann« erlebte sogar zwei Auflagen), machte er sich 1815 auf die Reise in die neuen Rheinprovinzen. Diese waren mit Bonn und Koblenz durch den Wiener Kongress an Preußen gefallen; die Reise diente einer ersten Inspektion. Denn im Gegensatz zum Gartendirektor war *Hartig* ein praktischer Kopf und glänzender Organisator, der Preußens Forstwirtschaft alsbald in den Griff zu bekommen suchte.

In Brühl lernte *Hartig* den Hofgärtner *Joseph Clemens Weyhe* und in Koblenz den dortigen Gartendirektor *Peter Joseph Lenné d. Ä.* kennen. Beide sprach er, da die Gelegenheit günstig, auf den Wunsch des Hofmarschalls *von Maltzahn* an, einen fähigen Gartenkünstler für Sanssouci zu gewinnen. Er mag erstaunt gewesen sein, als beide ihm den gleichen Namen nannten, einen jungen Mann, von dem sie Wunderdinge erzählten.

So erstaunlich war das freilich nicht, denn es handelte sich um einen Verwandten, den Neffen des einen und – wie schon der Name verraten konnte – den Sohn des anderen; um den 26-jährigen Peter Joseph Lenné den Jüngeren. Er hatte sich nach vollendeter Gärtnerlehre tatsächlich den Wind schon um die Nase wehen lassen, in Paris und in Wien, wo er gar schon zum Kaiserlichen Garteningenieur ernannt worden war.

Für Aufsteiger haben die Preußen seit jeher etwas übrig gehabt und immer versucht, ihrer so früh wie möglich habhaft zu werden. Im Frühjahr 1816 trifft der erstaunliche junge Mann, »nicht eben sehr freudig erregt, war er doch erst vor wenigen Monaten Muß-Preuße geworden«, wie es *Harri Günther* ausdrückt, in Potsdam ein, wo er zunächst als Gartengehilfe beim Hofgärtner *Mosch* im Neuen Garten seine Arbeit aufnimmt. Er wird sie fast 50 Jahre lang tun und als vielseitiger, wendiger und arbeitsamer Gartengestalter bis zum Generalgartendirektor avancieren.

Wer ist dieser anscheinend sehr selbstbewusste junge Mann?

Lenné stammt aus einer Familie, die schon seit einigen Generationen als Hofgärtner im Garten des Bonner Schlosses Poppelsdorf gedient hatte. Ursprünglich war sie aus dem Lütticher Land gekommen, dem Grenzgebiet zwischen Niederländern und Wallonen. Ihren eigentlichen Namen, Le Nain, änderte die Familie in Lenné um, weil nain auf Französisch zwergenhaft, winzig klein heißt. Noch *Fürst Pückler* macht sich über den Namen lustig, wenn er in seinen Briefen aus England seinen Rivalen Lenné konstant *Herrn Laine* nennt, dabei ein anderes französisches Wortspiel nutzend (*laine* heißt »Wolle«).

Der Vater, der ältere *Peter Joseph Lenné,* ist der erste seiner Familie, der es als Gärtner zu etwas Höherem gebracht hatte. War sein Bruder *Johann Heinrich* immerhin schon zum Leiter des Poppelsdorfer Hofgartens aufgerückt, so kommt er sogar über das vertraute und heimische Poppelsdorf hinaus. Seit 1788 war *Peter Joseph Lenné d. Ä.* leitender Hofgärtner in Brühl und Vorsteher des Botanischen Gartens, der zur Universität Bonn gehörte, an der er Unterricht in Botanik erteilte. Auch als Landschaftsgärtner besaß er am Rhein bereits einen gewissen Ruf.

Aber die Zeitumstände werfen beide Brüder aus der Bahn. Unter der französischen Besatzung wird *Johann Heinrich* brotlos und lebt in bitterer Armut. *Peter Joseph Lenné* kann nach Koblenz ausweichen, wo er die Leitung der Landesbaumschule übernimmt. In Koblenz, das 1801 im Frieden von Luneville französisch geworden ist, hat man die Orangerien von Brühl und Bonn zusammengelegt. Vater *Lenné* spricht wie die ganze Familie fließend Französisch und korrespondiert eifrig in beruflicher Angelegenheit mit den verantwortlichen Dienststellen in Paris.

Er hat acht Kinder, von denen aber nur eines seinen Gärtnerberuf ergreift, der gleichnamige Sohn. Er war noch in Bonn geboren worden, am 29. September 1789, in einem Gärtnerhaus. Dieses steht, im Krieg zerstört, aber wieder aufgebaut, noch heute dort, Am Alten Zoll, einer Rheinbastion aus dem 17. Jahrhundert, gleich hinter dem gleichfalls zerstörten und wieder aufgebauten Stadtschloss. Das Schloss ist heute Hauptsitz der von *Friedrich Wilhelm III.* gegründeten und nach ihm benannten Universität, Lennés Geburtshaus am Hofgarten trägt eine Gedenktafel.

Der junge Lenné besucht in Bonn das Gymnasium und bereitet sich bei einem Universitätslehrer auf ein Studium der wissenschaftlichen Botanik vor. Sein Vater wünscht sich, dass der Sohn Akademiker wird, umso mehr als die Aussichten für einen praktischen Gärtner schlecht sind und bei den unsicheren Verhältnissen wohl auch bleiben werden.

Dann aber siegt das alte Gärtnerblut, über die näheren Umstände sind wir nicht informiert. 1805, in seinem 16. Lebensjahr, verlässt Peter Joseph das Gymnasium und tritt bei seinem Onkel *Josef Clemens Weyhe* in Brühl die Gärtnerlehre an. Sie absolviert er, Gärtnerenkel, Gärtnerkind, wie eine Selbstverständlichkeit in zwei Jahren; am 15. September 1808 erhält er sein Diplom.

Und dann sieht er sich gründlich um und studiert doch noch ein wenig herum – auf Wunsch des Vaters oder auch auf eigenen Wunsch. Mehrere Jahre bleibt der junge Mann unterwegs, zunächst (1809) in Süddeutschland, später (1811/12) in Paris.

Man mag sich wundern, warum ein künftiger Land-schaftsgärtner sich ausgerechnet nach Frankreich wen-det und seine Erfahrungen nicht in England sammelt. Aber erstens liegt Frankreich nahe, zweitens hat der Vater dorthin seine Verbindungen (*André Thouin,* der Direktor des Botanischen Gartens, des Pariser Jardin des Plantes, ist ein alter Bekannter), und drittens kann man den englischen Stil an der Seine inzwischen eben-so gründlich erlernen wie jenseits des Kanals. *Thouins* jüngerer Bruder *Gabriel,* beispielsweise, ist einer der Hauptvertreter des Jardins romantique.

Lenné verlebt in Paris so etwas wie eine zweite Lehr-zeit, in der er besonders theoretische Kenntnisse er-wirbt, ohne indes die Praxis ganz zu vernachlässigen. Über seine Studiengänge sind wir wenig unterrichtet. Sie lassen sich jedoch unschwer aus dem kurz darauf entstandenen Werk ablesen.

Bei *André Thouin* gewinnt er tief greifende botanische Kenntnisse. Bis zu seinem Lebensende gilt Lenné als ein gründlicher Pflanzenkenner, ein wandelndes bota-nisches Lexikon. Bei der anderen Koryphäe am Jardin des Plantes, *René Desfontaines,* geht er ebenfalls in die Schule. Mit ihm arbeitet er sogar praktisch im Botani-schen Garten.

Im Gegensatz zu *Sckell* und *Pückler,* denen man gründliche botanische Kenntnisse nicht nachsagen kann, wird Lenné seltene Exoten und ungewöhnliche Ziersträucher in seine Gärten setzen, die ihnen einen besonderen Akzent geben. *Sckell* und *Pückler* benutzen fast ausschließlich die einheimischen Gewächse.

Dass auch *Gabriel Thouin* Lenné beeinflusst hat, geht aus der Wegeführung hervor, die er bevorzugt. Sie verläuft wie der Bleistiftstrich, den wir zu Anfang geschildert haben: stets leicht gekrümmt und immer so, dass eine harmonische Raumordnung entsteht. Wahrscheinlich hat *Gabriel Thouin* damals schon an seinem Gartenwerk gearbeitet, dem »Plans Raisonnes de toutes le espèces de jardins«, das 1820 in Paris erscheint und für das Planzeichnen der Landschaftsgärtner nicht weniger grundlegend geworden ist als *Reptons* aphoristische Schrift für die allgemeine Arbeit. Es enthält unter anderem einen Vorschlag, wie *Le Nôtres* barocker Garten von Versailles in einen englischen Landschaftsgarten zu verwandeln wäre – deutlich das Vorbild zu Lennés nur wenig später entworfenem ersten eigenen Plan einer Umgestaltung des Parks von Laxenburg bei Wien.

Sein vierter Lehrmeister in Paris wird *Nicholas Louis Durand.* Er lehrt an dem von *Napoleon* gegründeten Polytechnikum architektonisches Entwerfen. Als praktischer Baumeister wenig bedeutend, entwickelt er eine rationalistische Entwurfsmethode, eine Art von Rastersystem, das allen Architekten das Entwerfen von Gebäuden, Gärten und ganzen Stadtgrundrissen erheblich vereinfacht hat. Aber auch seine gesammelten Vorlesungen erregen weltweites Aufsehen. Seine Idee zielt – damals neu und ganz modern – auf den Städtebau, nicht mehr auf die Einzel-, sondern die Gesamtplanung. *Klenze* und *Semper* haben als Gäste seine Vorlesungen besucht; man merkt es ihrem Werk an. Aber sein Einfluss wird auch bei *Schinkel* spürbar – und bei Lenné. Von *Durand* wird Lenné später seine städtebaulichen Arbeiten ableiten, das Einbinden von Architektur in Grünflächen und Grüngürtel.

Im Sommer 1812 kehrt Lenné nach Koblenz zurück. Er bleibt dort jedoch nicht lange, denn der Vater schickt den Sohn noch im gleichen Jahr auf eine dritte Studienreise, die er ihm großzügig finanziert. Sie führt ihn in die Schweiz, nach Süddeutschland – im September studiert er die schönen Parkanlagen von Aschaffenburg – und endlich nach München, seinem vorläufigen Endziel.

Ob er dort Schüler *Sckells* wird, wie alle Biographen – meist mit einem schüchtern eingeschobenen »vermutlich« oder »dürfte« – behaupten, steht dahin. Dokumentarisch lässt es sich nicht beweisen. Anlass zu der Vermutung allerdings gibt Lennés Hinterlassenschaft durchaus, seine Zeichnungen etwa oder die Art, in der er ein Gelände später zu modellieren pflegt. *Sckell* zeichnete plastisch-perspektivisch, von hoch oben. Die Gebäude finden sich nur als geometrischer Grundriss, aber Bäume, Büsche, Haine und Wege sind wie aus der Vogelperspektive gesehen, sogar hin und wieder mit einem Schattenwurf. Ähnlich, fast genauso, macht es Lenné.

Lange kann jedoch die vermutete Lehrzeit bei *Sckell* keinesfalls gedauert haben, denn schon im Herbst desselben Jahres trifft Lenné in Wien ein. Er bleibt drei volle Jahre und findet in der österreichischen Hauptstadt, in der eben der Wiener Kongress vorbereitet und glanzvoll abgehalten wird, auch schon seine erste Anstellung. Vermittelt hat sie wohl wieder ein Jugendfreund des Vaters, *Joseph Boos,* der Hofgärtner in Schönbrunn ist und in dessen Familie der junge Rheinländer mit offenen Armen aufgenommen wird.

Er macht sogar so etwas wie Karriere. Da die Bezahlung in Schönbrunn ihm allzu kläglich erscheint, wechselt er über nach Laxenburg im Wiener Becken, dem Sommersitz der Habsburger mit einer alten Wasserburg, dem barocken Schloss Blauer Hof und einer weiträumigen Parkanlage.

Man darf sich den jungen Lenné nicht als einen schüchternen Anfänger vorstellen. Er ist kein Anfänger; zumindest fühlt er sich nicht so. Das Gärtnern liegt ihm seit Generationen im Blut; er kann im Übrigen auf seinen Gesellenbrief verweisen. Und Botanik, Landschaftsgärtnerei sowie Architektur hat er bei den besten Lehrern in Paris studiert. Wahrscheinlich kommt er sich sogar den meisten Gärtnern und Gartendirektoren – wohl zu Recht – überlegen vor. Er ist resolut, von seinem Können überzeugt und kann, sogar auf Dauer, auch andere von seiner Überlegenheit überzeugen.

Jedenfalls stellt ihn der Schlosshauptmann, ein Herr *von Riedel,* sofort an, und da es sich um einen jungen Mann handelt, der sich bereits mit der englischen Landschaftsgartengestaltung beschäftigt hat, von der neuerdings so viel die Rede ist, erhält er auch gleich den Auftrag, in Laxenburg einen solchen anzulegen. Da so etwas nicht titellos erledigt werden kann in hochfeudaler Zeit, wird Lenné gleichzeitig und zu seiner eigenen Überraschung der Titel Kaiserlicher Garteningenieur verliehen. Er wird als solcher noch die ersten Potsdamer Pläne unterzeichnen.

Die meisten Biographen zeigen sich erstaunt. Wie kann man so rasch Erfolg haben? Umgekehrt: Wie kann man einem derart Unerfahrenen eine derart exorbitante Aufgabe geben? Die Antwort ist einfach:

Überall, wo es repräsentative Gärten gibt, sind sie geometrischer Natur, und die Besitzer, Kaiser, König, Fürst oder Kaufmann, wünschen möglichst rasch einen natürlichen, englischen an dessen Stelle. Da sind die auf ihre alten Gärten eingefuchsten Fachleute, die nur selten mit der Zeit gegangen sind, überfordert; und zu ihnen dürfte auch Herr *von Riedel* gehört haben. So ganz genau wissen die meisten nicht einmal, was ein englischer Landschaftsgarten überhaupt ist. Da kann man froh sein, auf jemanden zu stoßen, der es weiß, der solche Umgestaltungen studiert und Mut genug hat, es auch hier zu versuchen.

Eine ungeheure Chance für Lenné. Mit Feuereifer macht er sich an die Arbeit. Den gezeichneten Entwurf – im Riesenformat von zwei Meter mal zwei Meter achtzig – hat sein erster Biograph, *Gerhard Hinz,* wieder auftreiben können. Man muss den Fleiß und den Sachverstand bewundern, mit dem hier ein Könner von Anfang an zu Werke geht. Es ist nicht alles realisiert worden, wie auch später vieles bei Lenné Entwurf bleibt, aber das ist fast allen Gartengestaltern und auch Architekten so gegangen. Der Laxenburger Plan zeigt – wie könnte es anders sein – noch Anleihen bei *Gabriel Thouin* und *Durand,* wie sie auch in Lennés ersten Potsdamer Entwürfen noch spürbar werden. In Laxenburg ist heute davon nichts mehr zu bemerken. Schloss und Park wurden im Zweiten Weltkrieg total verwüstet und konnten nicht exakt restauriert werden.

Im Juli 1815 kehrt der Landschaftsgestalter, mit den ersten Lorbeeren bekränzt, nach Koblenz zurück. Seine Mutter sieht er nicht wieder; sie ist am 12. Januar 1814 gestorben.

Zu Hause lebt er zunächst in einer unglücklichen Zwischenstation. Er hat noch kaum etwas geleistet, aber doch schon Lunte gerochen. So macht er sich daran, in eigenem Auftrag Pläne zur Umwandlung der Koblenzer Festungswälle in eine Parkanlage zu entwerfen. Da die Stadt, die wie auch Bonn einst unter geistlicher Herrschaft gestanden hatte, im Wiener Kongress preußisch geworden ist, bedarf es der Wälle nicht mehr. Und mit den Plänen geht es dem jungen Mann wie in Laxenburg: Er scheint allein auf weiter Flur. Sein Entwurf, der auch eine Ausweitung der Stadt vorsieht, gefällt und wird zum Teil sogar ausgeführt. Die heutige Schlossstraße zum Beispiel ist nach seinen Vorstellungen angelegt worden.

In dieser Zeit taucht irgendwann *Hartig,* der Oberlandforstmeister, in den neuen preußischen Rheinprovinzen auf, hört von dem erstaunlichen jungen Garteningenieur und berichtet dem Hofmarschall *von Maltzahn.* Das Angebot, in Potsdamer Dienste zu treten, folgt alsbald. Schon im Januar 1816 tritt Lenné seine Stelle als Gartengehilfe des Hofgärtners *Mosch* – übrigens mit Genehmigung des Königs – zunächst auf Probe an. Ist der Kaiserliche Garteningenieur nun wieder nichts weiter als ein Gartengehilfe? Nein, denn der junge Lenné besitzt Ellenbogen und ein grenzenloses Selbstvertrauen, das sich auf überlegenes Können gründet. Zudem untersteht *Mosch* der Neue Garten, etwas abseits gelegen, von *Eyserbeck* aus Wörlitz zwischen 1787 und 1791 am Marmorpalais von *Gontard* und *Langhans* angelegt. Und Lenné hat es schriftlich, dass seine Anstellung erfolgt ist, um »von den königlichen Gärten Aufnahmen und Zeichnungen anzufertigen«.

Dabei bleibt es selbstredend nicht. Aufnahmen und Zeichnungen bedeuten für Lenné Umgestaltung; und obwohl diese zunächst an der Sparsamkeit *Friedrich Wilhelms III.* scheitert, auch wohl an des Königs Pietät gegenüber seinem großen Vorfahren *Fridericus,* den er noch gekannt (und der ihn sehr geschätzt) hat, wird Lenné sich durchsetzen. Der Rheinländer besitzt einen längeren Atem als – schon damals – in der geschwinden preußischen Hauptstadt üblich. Neben ihm bringt nur *Schinkel* eine ähnliche Mischung aus großem Eifer und grenzenloser Geduld zuwege.

Trotzdem ist die Anfangszeit schwer genug. Der 26-Jährige sieht sich einer Phalanx von 18 meist altgedienten preußischen Hofgärtnern gegenüber, die sich aktiv und passiv gegen die Bevorzugungen des Gartengesellen wehren. Schon die Eltern der *Voßens, Sellos, Nietners, Fintelmanns* haben hier gearbeitet – jetzt kommt ein sehr junger Mann vom Rhein, so etwas wie ein gelehrter Gärtner, hinter den sie zurücktreten sollen. Selbst *Johann Gottlob Schulze,* Oberhofbaurat und Gartendirektor in einer Person, beobachtet misstrauisch, wie Lenné in den ersten Monaten, seinen eigenen Worten zufolge, versucht, »sowohl die älteren als auch die neuen Anlagen zu studiren und sich eine möglichst genaue Localkenntnis in den Anlagen im Allgemeinen und der Details in der umgebenden Landschaft zu verschaffen«.

Schulzes Misstrauen dürfte umso größer gewesen sein, als schon der vorige Hofmarschall, *Maltzahns* Vorgänger, über ihn geschrieben hatte, dass er »nicht die geringste Kenntnis von der Gärtnerei« besitze, im Übrigen kaum eine Verfügung beachte und »das Vertrauen auf sein Amt, ja auf sich selbst« längst verloren habe. Keine sehr günstige Charakterisierung, fast schon eine Denunziation. Immerhin kümmerte Gartendirektor *Schulze* sich angelegentlich um die Baumschule, die im südlichen Teil des Parks von Sanssouci angelegt worden war, und verstand offensichtlich etwas von Obstbäumen, denn in Fragen des Obstanbaus zog man ihn oft zu Rate.

Vater *Lenné* schreibt dem Sohn im März 1816 einen besorgten Brief, in dem wir lesen:

Daß Deine Lage so kritisch unter den vielen Hofgärtnern ist, wie Du mir meldest, hätte ich nicht geglaubt, doch läßt sich diese Schwierigkeit gewinnen, wenn Du den Herrn höflich und vertraut tuest und nicht aus dem Gleis als Gärtner heraustrittst.

Gut gemeint, aber völlig fehl am Platze, denn nichts liegt mehr in der Absicht des ehrgeizigen jungen Rheinländers, als möglichst bald aus eben dem Gleis eines bloßen Gärtners herauszutreten und sich seinen Vorgesetzten als Landschaftsgestalter zu beweisen. Der Vater muss das erkannt haben, denn in einem späteren Brief heißt es:

Sollte im Neuen Garten etwas übernommen werden, so kompromittiere Herrn Morsch nicht, ziehe diesen mit zu Rath und lasse den Mann mit figuriren.

Hofgärtner sind übrigens in Preußen hoch angesehen. Ihre Lehrzeit beträgt drei Jahre, und wenn sie dann im Besitz eines meist kostbar auf Pergament geschriebenen, mit Siegeln und Seidenbändern geschmückten Lehrbriefs sind, erwartet man von ihnen, dass sie sich in der Welt umsehen, um noch mehr zu lernen. Oft schicken die Fürsten sie zum Studium nach England. So hatte *Eyserbeck,* wie es in einer Charlottenburger Chronik heißt, »die Englische Gärtnerey in England selbst erlernt und war viel herumgereist«. Stipendien sind gang und gäbe, aber auch auf eigene Kosten wandern Gärtnergesellen – wie die Zimmerleute – durch die Länder, auf der Suche nach Eindrücken, Arbeitsmöglichkeiten und am Ende einer vakanten Hofgärtnerstelle. Unterschlupf finden sie bei den Standesgenossen. *Valentin von Massow, Maltzahns* Vorgänger im Amt des Hofmarschalls, schreibt wiederum:

Es ist in der Gärtnerei in ganz Teutschland eingeführt, daß ein jeder Reisender, wenn er bei einem großen Gärtner anspricht, wenigstens auf einen halben Tag aufgenommen und beköstigt werden muß. Wollte ein Gärtner sich dessen weigern, so würde er und sein Garten nach der alten Verfassung, und wie es auch bei den Handwerkern Mode ist, geschimpft, und kein Geselle dürfte bei ihm zuziehen, und seine Gesellen und Lehrburschen würden anderweitig nicht aufgenommen werden.

Strenge berufsständische Bräuche. Aber den Hofgärtnern geht es ja auch gut. Der Charlottenburger Hofgärtner *Georg Steiner* beschäftigt eine Köchin und einen Schreiber und fährt mit Kutsche und Pferden und blanken Geschirren vor. Er hatte freilich den König *Friedrich Wilhelm II.* zum Taufpaten, der sein natürlicher Vater war, und der jetzige König, *Friedrich Wil-*

helm III., ist also sein Halbbruder. Auch hatte er reich geheiratet, die Tochter eines Berliner Juweliers.

Aber bereits einer seiner Vorgänger, *Joachim Arndt Saltzmann,* hinterließ, wie ebenfalls aus der bereits erwähnten Charlottenburger Chronik bekannt, ein Vermögen.

Ob er gleich mehrere Söhne und Töchter erzogen hatte, welche Geheime Räthe, Hofräthe in Berlin wurden und in Ansehen standen, und die Töchter an Regierungs-Feldscher, Amtsleute und Kaufleute verheurathet hat, hinterließ er an 40 000 rt Kapital.

Sein Schüler *Joachim Ludwig Heydert,* schreibt *Clemens Alexander Wimmer,* der den Berufsstand des Gärtners in Preußisch Königlichen Landen exakt durchforscht hat, wurde in Sanssouci reich.

Er stiftete 800 Taler für die Stolper Kirche (Berlin-Wannsee) und ließ sich ebenda ein großes Grabmal errichten, das noch vorhanden ist. Eduard Nietner galt als »König von Charlottenburg«, der jeden Morgen seine Gärtner zum »Tagesbefehl« antreten ließ und sonntags mit Familie und Kutsche in den Grunewald fuhr.

Das war dann zwar nach Lennés Zeit, aber selbst als er in Sanssouci antrat, wurde ein Hofgärtner wie ein Steuerrat oder Pfarrer bezahlt; er erhielt ein Gehalt zwischen 300 und 775 Talern (zum Vergleich: Der Bürgermeister von Charlottenburg verdiente damals 613, der Rektor 200, der Richter 120 Taler, womit durchaus auszukommen war). Hinzu traten Einkünfte aus

Gärten und Gewächshäusern, an der Grenze des Legitimen, aber seit Generationen üblich, denn abgeliefert werden musste nur eine vorgeschriebene Summe Geldes. *Wimmer* berichtet, dass noch 1866 der damalige Intendant der Königlichen Gärten sich veranlasst sah, den Verkauf von Futtermitteln wie Heu, Runkelrüben, Mais etc. aus den Revieren zu verbieten.

(…) weil der wirtschaftliche Nachteil für die Gärten hierdurch so bedeutend sei, daß er sich in Zahlen nicht ausdrücken lasse. Niemand verhinderte freilich, daß die Gärtner sich selbst von ihren Erzeugnissen ernährten.

Das Amt eines Hofgärtners war also eine schöne Pfründe. Kein Wunder, dass die 18 vorhandenen Hofgärtner den unaufhaltsamen Aufstieg des jungen Lenné mit Sorge und wohl auch einer gewissen Feindseligkeit verfolgten. Preußen hatte eben eine wirtschaftliche Talsohle durchwandert, eine empfindliche Nachkriegskrise, die 1815 mit einer Missernte begann, die sich 1816 noch schlimmer fortsetzte als im Vorjahr und 1817 eine regelrechte Hungersnot verursachte. Auch dadurch verzögerte sich die Verwirklichung der Umgestaltungspläne Lennés für den Neuen Garten.

Umso erstaunter dürften die Herren Hofgärtner gewesen sein, als sie am 9. Februar 1818 erfuhren, Herr Lenné sei Mitglied der Gartendirektion geworden, ja, dass der König ihm ein eigenes Amt geschaffen habe, das den Eindringling dem *Johann Gottlob Schulze* beinahe gleichberechtigt an die Seite setzte. Datiert unter dem darauf folgenden Tag, dem 10. Februar, heißt es in der Mitteilung:

Ich mache solches den Hr. Hofgärtnern hierdurch bekannt, mit dem Bemerken, daß Sie den Anordnungen des Hr. Lenné ebenso Folge zu leisten haben, als wenn solche von mir oder von dem Garten-Director ergangen, welches ein Jeder von Ihnen gewiß mit Vergnügen thun wird, da Hr. Lenné die Gartenkunst erlernt hat und ein Mann ist, der gründliche Kenntnisse und Geschmack besitzt.

Lenné selbst erhält eine ausführliche Instruktion über seine weitere Tätigkeit, die ihm ziemliche Vollmachten gibt. Sie reichen über Sanssouci weit hinaus. Heißt es doch in dem Schreiben, den vier schwer zu lesenden, aber gewichtigen Mammutsätzen:

Der Hr. Lenné muß sich im Generellen genau von den Verhältnissen sämtlicher Königl. Gärten und der einzelnen Reviere unterrichten, die Obliegenheiten eines jeden Hr. Gärtners genau kennen lernen, um beurtheilen zu können, ob ein jeder seine Pflichten erfüllt, die Säumigen warnen, und nöthigenfalls mir anzeigen; da, wo er glaubt, daß Verbesserungen stattfinden können, dieses mit dem Gärtner des Reviers und dem Garten-Director besprechen, berathen und dann, gemeinschaftlich mit Letzterm, mir hierüber Anzeigen und Vorschläge einreichen. Alles, was in ästhetischer Rücksicht mit den Königl. Gärten und Anlagen in Berührung kommt, besonders angelegen sein lassen, weshalb derselbe über die Verschönerung der Gärten durch neue Anlagen Zeichnungen und Anschläge zu entwerfen hat, und bei der Ausführung der von Sr. Maj. dem Könige genehmigten Anlagen besonders darauf zu sehen verbunden ist, daß diese geschmackvoll angelegt und ausgeführt werden. – Auch würde derselbe bei den Anlagen, die Aussteckung der Wege und Gruppirungen selbst zu besorgen haben;

jedoch darf derselbe keine Hauptveränderungen, welche die Umgestaltung der Garten-Scene bezweckt, vornehmen, noch Hauptbäume fortnehmen lassen, ohne dieserhalb mit mir Rücksprache genommen und meine Genehmigung erhalten zu haben. Sollten indessen bei Ausführung neuer Parthien sich Veränderungen gegen den Plan beim ersten Anlegen ergeben und durch Rücksprachen mit mir aufgehalten werden, da ich nicht immer an Ort und Stelle sein kann, so sind diese zwar Hr. Lenné erlaubt, er bleibt aber hierüber allein verantwortlich.

Wer das genau liest, wird entdecken, dass König und Hofmarschall ihn *Schulze* nicht nur an die Seite, sondern, was Aufsicht sowie Neuerungen betrifft, noch über ihn setzen. Sogar die Baumschulen, *Schulzes* ureigene Domäne, werden Lenné unterstellt, »damit der theure Einkauf aufhöre«, wobei die Obstbaumschulen ausdrücklich genannt werden.

Denn es ist nicht zu leugnen, daß wenn gleich die Königl. Gärtnereien zu Potsdam und Berlin in mancher Hinsicht fortgeschritten sind, sie in Hinsicht der Baumschulen noch sehr zurück sind. Statt daß diese Branche der Gartenkasse Geld einbringt, so sind noch immer bedeutende Kosten damit verbunden.

Ein Schlag gegen *Schulze,* auch einer gegen die altgedienten Hofgärtner. Lenné wird ihr Aufpasser, Umorganisator, pedantischer Vorgesetzter. Sein Glücksstern ist aufgegangen. Jetzt, nach Überwindung der engen bürokratischen und standesmäßigen Schranken, kann der Künstler beginnen, sich zu entfalten, der Poet.

Der Glückspilz

Eine beneidenswerte Karriere: Zuerst geht alles glatt und später steil bergan. Rückschläge erfolgen nicht oder werden rasch überwunden. An äußerlichen Ehrungen herrscht kein Mangel. Obwohl ihm persönlich der Adel versagt bleibt, verkehrt er mit den Höchsten im Lande wie mit seinesgleichen. Er gehört, ein Bürgerlicher, bald selbst zu den Höchsten im Lande.

Auch der künstlerische Werdegang verläuft wie im Bilderbuch. Der Gartenpoet kann mehr Träume verwirklichen, als es sonst die Musen ihren Jüngern erlauben. Eine Dienstreise führt ihn nach England zu den großen Vorbildern seiner Landschaftsgestaltung, einer der Höhepunkte seines Lebens. Er bildet einen eigenen Stil aus, der von den Schülern weiter getragen wird – Fachausdruck: gemischter Garten – und der die Zukunft seiner Kunstform mitgestaltet. Und mitten in Preußen schafft er beharrlich die Ansätze eines romantischen Gartenreichs im Reich: die Insel Potsdam. Sie ist noch heute ein Stück Romantik, eingebettet in die herbe Havellandschaft, ein sanftes Gesamtkunstwerk zwischen Klein-Glienicke, Potsdam und Babelsberg, durch Lennés Sichtschneisen ungetrennt, ein preußisch-englisches Gedicht, schon ein Gedichtzyklus.

Und es entstehen unzählige kleine Verse nebenher. Wie bei *Dickens* im Schreiben versinkt das Leben bei Lenné in Gartenarbeit. Rastlos tätig, mit grünen Fingern,

Kommandos gebend, auf die man hört, ein keineswegs immer sehr einfacher Vorgesetzter, akzeptiert der Preuße vom Rhein nur Höchstleistungen bei sich selbst und anderen. Ein bisschen gravitätisch schon als junger Mann, im Alter würdevoll und stets auf Korrektheit bedacht, schreitet er durch die späte Periode der Romantik, durchmisst vielmehr das Land mit seinem Schimmelgespann von Bauplatz zu Bauplatz, von Arbeitsstelle zu Arbeitsstelle. Ein Privatleben gibt es zwar, doch wird es gleichsam nebenher abgehandelt und spielt wie bei jedem wirklichen Künstler nur eine untergeordnete Rolle.

Lebensstationen sind seine Gärten, sonst gibt es nicht viel. Die Englandreise, der Bau des Hauses in Berlin, der Tod der Frau, die Verleihung des Dr. h. c. mögen Einschnitte persönlicher Art sein. Aber was sind sie gegen die Aufgaben, die ihn pausenlos beschäftigen, gegen den immensen Fleiß, den er sich abverlangt bei äußerster Sorgfalt?

Nicht dass das alles kampflos vor sich geht. Im Gegenteil: Die Arbeit, Hauptelement seines Lebens, fordert beinahe stündlichen Einsatz und viel diplomatisches Geschick. Allerdings kommt es Lenné entgegen, dass ihm von vornherein die Vorgesetzten, vom Hofmarschall bis hinauf zum König, wohlgesinnt sind und bleiben (weniger die Gleichgestellten und die Untergebenen). Aber auch Verbindlichkeit gehört zum Handwerk, und sie ist oft nicht einfach einzuhalten, umso mehr als den Mann eine Fülle von Ideen bedrängen, auch praktischer Art, die er neben seiner eigentlichen Aufgabe verwirklicht haben will.

Er ist es, der schon früh in den 1820er Jahren über *von Maltzahn* Vorschläge zur Gründung eines Vereins zur Beförderung des Gartenbaus unterbreitet. Dieser Verein wiederum führt zur Gründung der preußischen Gärtnerlehranstalt, dessen Direktor selbstredend Lenné wird, sowie im selben Jahr zur Eröffnung einer dringend notwendigen Landesbaumschule. Auch das Werkzeug zur Herstellung von Gartenpoesie will geschaffen sein. Lenné weiß das besser als alle anderen und kümmert sich darum. Nur deshalb kann er ein so gewaltiges Lebenswerk hinterlassen. Er hat es vorgeplant und selbst organisiert, wozu auch das Delegieren vieler Aufgaben gehört sowie das Überwachen, wobei Lenné ein angeborenes Misstrauen behilflich gewesen sein dürfte.

Aber es legen sich ihm auch einige Steine in den Weg. Da ist die lebenslange, zwischen gegenseitiger Hoch- und Missachtung schwankende Rivalität mit *Fürst Pückler,* dem anderen großen Gartenpoeten Preußens. Da ist die Eifersucht des Gartendirektors *Schulze,* dem Lenné 1824 gleichberechtigt an die Seite gestellt wird, wiederum durch allerhöchste Ordre. Die beiden verstehen sich überhaupt nicht. Von *Georg Sello* wissen wir, dass *Schulze* ständig Lennés revolutionäre Pläne für Sanssouci zu hintertreiben sucht. Er pocht dann darauf, dass er von unten auf gedient und, als der König rief, wenigstens im Landsturm die Waffen getragen habe, und fährt fort:

Hätte Herr Lenné ein Gleiches erfahren, so würde er wie ich Subordination gelernt haben, und es schadet ihm garnichts, wenn er sie jetzt noch kennenlernt.

1828 geht *Schulze* in den Ruhestand, und Lenné kann nun – er ist noch keine dreißig – endlich als alleiniger Gartendirektor schalten und walten, wie er will. Obwohl er nicht gedient hat, weiß er durchaus, wie man schaltet und waltet, wahrscheinlich besser als der gehorsame *Schulze*. Er reorganisiert vor allem die Gartenpflege mit ihren Anzuchtgärtnereien, Orangerien und Pflanzenkulturen, die bald allgemeine Bewunderung hervorrufen. Denn Lenné arbeitet -- im Gegensatz zu *Pückler* – mit so genannten Vorpflanzungen, so dass seine Gärten auch im frühesten Stadium schon einen ansehnlichen Eindruck machen. Dazu braucht er ständig rasch wachsende Ziersträucher, etwa Goldregen. Aber auch das Nützliche wird nicht vergessen. Schon 1826 umfasst die von ihm ins Leben gerufene Landesbaumschule nicht weniger als 480 Apfel-, 300 Birnen-, 120 Kirschen- und 74 Pflaumensorten. Die vielen Baumsorten, die am Ende vorhanden sind, haben sich nicht zählen lassen. 1875 waren 153 Gattungen mit 890 Gehölzarten vorhanden.

Lennés Tätigkeit wird von Garten- und Kunsthistorikern meist in drei Etappen eingeteilt. Bis 1820 gilt sein Augenmerk der reinen Gartenkunst. Von 1820 bis 1840 wird er zunehmend mit weiträumigen, aber auch kleineren grünplanerischen Aufgaben konfrontiert. 1840 beginnt dann seine städteplanerische Phase. Man zieht ihn bei der Ausweitung der Stadt in Fragen der Straßenziehung hinzu; er sorgt dafür, dass kleine Grünflächen eingeplant werden – der Landschaftsgarten wird urban –, und in seinem berühmten Entwurf der »Projectirten Schmuck- und Grenzzüge von Berlin und nächster Umgegend« entsteht schon 1840, also zu Beginn seiner städtebauerischen Tätigkeit, die Vision von einem zukünftigen, in Bäume und Parks eingebetteten Berlin, die durchaus realisierbar gewesen wäre. Sie

scheitert weniger an den Profitinteressen von Groß-
bürgertum und aufsteigender Industrie, wie *Harri Günther* meint, als an den Notwendigkeiten einer rapide
wachsenden Stadt. Lenné selbst sieht das ein und lie-
fert im nächsten Jahr jenen Bebauungsplan, der vom
König genehmigt wird und der auch – zur Entlastung
der Spree – die Anlage des Landwehrkanals vorsieht.

So übersichtlich und chronologisch von eins bis drei
verlaufen Lennés Arbeiten natürlich nicht. Schon früh
ist mit dem Gartenkunstgestalter auch der Pragmatiker
am Werk. Um den von ihm neu gestalteten Tiergarten
gab es einen nahezu 50-jährigen zähen Kampf, ausge-
fochten gegen König und Kollegen, unterstützt nur,
ebenso zäh, durch Freund *Schinkel.* Und noch als der
alte Pragmatiker seine Bebauungspläne unter anderem
für die Tempelhofer und Schöneberger Feldmark oder
das Köpenicker Feld vorlegt, ist auch der jugendliche
Gartenpoet am Werk, der nicht vergisst, dass, wie er
selbst schreibt, »neben dem Nutzen, welcher der Ge-
meinde aus den neuen Anlagen geschafft werden soll,
auch dem Vergnügen der Einwohner sein Recht wider-
fahre«. Ein typischer Ablehnungsbescheid durch das
Ministerium lautet demgemäß: »Man kann über die
Annahme eines Planes nicht wohl blos nach dem größeren oder geringern ästhetischen Wert entscheiden.«

Die Menschheit hat längst gelernt, dass man kann
und, was das Grün betrifft, wohl sogar muss. Hier stehen sich zwei grundverschiedene Ansichten gegenüber, die übrigens beide preußisch, auf jeden Fall immer
wieder in Preußen von wichtigen Stimmen vertreten
worden sind. Preußen war nicht nur pragmatisch. Ein
Erzpreuße, *Novalis,* freilich ein Dichter, hat verkündet:

Die Poesie ist das echt absolut Reelle (…) Je poetischer, je wahrer.

Das könnte auch Lennés Motto sein, unter dem er angetreten ist. Allerdings reichen sich bei ihm, anders als bei *Novalis,* Pragmatiker und Poet die Hand. Er ist eines nicht: ein weltfremder Schwärmer. Man könnte ihn, so verträumt die von ihm geschaffenen Landschaften aussehen, ganz modern einen der ersten Macher nennen, kein Utopist, sondern ein Verwirklicher.

Auf seiner Englandreise 1822 hatte Lenné sich besonders intensiv die eingeschobenen Londoner Grünanlagen, die Squares, angesehen. Er fand sie unzulänglich und kritikbedürftig, vermisste aber dennoch etwas Ähnliches in Berlin.

Es wäre zu wünschen, daß der Bauplan der Stadt Berlin auf ähnliche Einrichtungen gemacht wäre. – Der zunächst den Linden und dem Thiergarten liegende Teil der Stadt findet in diesem seine Erholung. Der größte Teil der Bewohner aber entbehrt dieselbe.

Auch das ist sehr modern gedacht. Schon in seiner poetischen Zeit achtet der Gartenarchitekt auf das städtische Allgemeinwohl. In Berlin etwa zeugt noch heute jener urbane, grün durchsetzte Straßenzug von Lennés planerischem Genie, der von der Gneisenau- und der Yorckstraße über den Dennewitzplatz, den Nollendorfplatz, die Kleiststraße und den Wittenbergplatz bis zum – ebenfalls von Lenné gestalteten – Zoo reicht. Dass der Straßenzug unter der Eisenbahn (Yorckbrücken) hindurchgeführt werden musste, was langwierige Verhandlungen mit dem Minister für Handel, Gewerbe und öffentliche Arbeiten, *von der Heydt,* zur Folge hatte, verstärkt noch den planerischen Gesamteindruck. Was Berlin der Weitsicht Lennés verdankt, bemerkt man am besten, wenn man diese Strecke mit dem Bus abfährt und seine Aufmerksamkeit auf die großzügige Linien- und Straßenführung richtet. Und auf das Grün, das ständig vorhanden ist.

Mag also die Einteilung seines Lebenswerks nach Jahreszahlen und den Schubfächern Gartenkunst, Grünanlagen sowie Stadtplanung der Übersicht dienen, muss man sich die drei Sach- oder Interessengebiete doch von vornherein ineinander geschoben vorstellen. Lenné, sagt *Ludwig Rellstab* in seinem 1854 erschienenen Buch »Berlin und seine Umgebung«, sei wie *Schinkel* ein architektonischer Dichter. Man wusste also schon damals, dass beide, sowohl *Schinkel* als auch Lenné, ein Janusgesicht trugen, zwei Zwittercharaktere, pragmatische Poeten oder poetische Pragmatiker.

Ihnen ist auch der preußische Volks- und Staatscharakter immer zugeneigt gewesen, denn in Preußen liebte man beides, Ästhetik und Disziplin, zwei Dinge, die von den Menschen gewöhnlich nur sehr schwer unter einen Hut zu bringen sind. Wer es verstand, war seit jeher in Berlin oder Potsdam gut aufgehoben. Einwände gegen diese Behauptung sind gestattet – natürlich gibt es Gegenbeispiele. Aber ganz grundsätzlich dürfte, stärker noch als anderswo, der pünktliche, fleißige und akkurate Künstler Preußen am ehesten entsprochen haben.

Nun müssen pünktliche, fleißige und akkurate Künstler nicht immer die besten sein. Waren sie aber gut, hat man zumindest im Preußen der Romantik und des Biedermeiers dem Fleißigen gleich das doppelte oder drei-fache Maß aufgebürdet – wie dem armen *Schinkel,* der daran zugrunde ging. Lenné packte es klüger an. Nach-dem er seinen Anlauf genommen hatte, erlahmte er zwar nicht in Pünktlichkeit, Fleiß oder Akkuratesse, aber er wusste sich und seine Mitarbeiter zu organisieren, was Künstlern fast noch schwerer fällt, als alles selbst zu tun.

Lenné hat von Anfang an Glück, doch nicht ganz unbegründet, denn er beweist Talent, sogar Genie für sein Kunstgebiet und bringt viele gute und auch ein paar unangenehme Eigenschaften mit, die zum Erfolg auf Erden gehören (letzteren darf man auch persön-liche Eitelkeit und das gelegentliche Schikanieren der Untergebenen zurechnen). Studiert hat er auch, gründ-lich und sorgfältig. Aber da gibt es doch etwas Entschei-dendes, für das er nichts kann. Die Zeit, seine Zeit, hat ihm Fortuna in die Wiege gelegt. Der Landschaftsgar-ten ist auch in Deutschland längst durchgesetzt, wovon neben Wörlitz auch Pillnitz in Sachsen, *Pücklers* eben entstehender Park von Muskau in der Lausitz und Nymphenburg bei München Zeugnis ablegen. Noch stammen die meisten Gärten jedoch aus der barocken Vergangenheit. Die Wirren der Zeit, Französische Re-volution und Napoleonische Kriege, haben die Ent-wicklung stagnieren lassen. Es mangelt auch an Gärt-nern und Gartengestaltern, die den englischen Stil beherrschen, denn Gartengestaltung und Forstwirt-schaft sind bislang als streng getrennte Gebiete be-trachtet worden. Seit wann soll ein Gärtner etwas von Bäumen verstehen, es sei denn von Obstbäumen oder Taxus zum Beschneiden in phantastischen Formen? Wo ein selbstbewusster Landschaftsgärtner auftaucht, der sich überdies bewährt, greift man nach ihm mit Polypenarmen, denn: Wer wollte sich nachsagen lassen, er hinke hinter seiner Zeit her? Der englische Landschaftsgarten ist, sprechen wir es ruhig aus, die große Mode. Seinen Auftritt als Landschaftsgärtner in Potsdam hätte Lenné gar nicht so gut berechnen können, wie er tatsächlich erfolgt, eben im günstigsten Augenblick. Man kann noch so viel können, ohne Glück hilft das manchmal nicht weiter. Lenné verfügt über beides.

Rellstab erzählt, dass die Gattin des neapolitanischen Gesandten, gefragt, wie ihr Berlin gefalle, zur Antwort gegeben habe: »Très bien; mais ce qui m' enchante, ce sont les environs!« (Sehr gut, aber was mich wirklich entzückt, ist seine Umgebung.) Die Rede ist von Glienicke. In seiner Schilderung Berlins und seiner Umgebung äußert *Rellstab*:

Hier tritt uns mit am frühesten der Name entgegen, den wir schon so oft genannt (…) der Name Lennés (…), des jetzigen Garten-General-Direktors, schmückt sich hier mit den ersten jungen Blättern des Lorbeers, dessen Kränze ihm jetzt in vollem reichen Wuchs grünen.

Tatsächlich ist Lenné noch als Potsdamer Gartengeselle vom Staatskanzler *Hardenberg,* dem allmächtigen Herrscher über Preußen (weit mächtiger zeitweilig als *Friedrich Wilhelm III.*), auf seinen Guts- oder Herrensitz Klein-Glienicke, das an der Chaussee zwischen Potsdam und Berlin an der Havel gelegen ist, gerufen worden. *Hardenberg* hatte den Besitz 1814 erworben und ließ sich nun vom neuen jungen Mann aus Sanssouci einen standesgemäßen Pleasure-ground gestalten.

Warum sich *Hardenberg* nicht an seinen Schwiegersohn *Fürst Pückler* wendet, können wir nur vermuten. *Hardenberg*, auch kein Freund von Traurigkeit, fand *Pückler* zu leichtfertig und extravagant (die beiden waren sich wahrscheinlich zu ähnlich). Überdies schien der Fürst 1816 sehr mit eigenen Arbeiten eingedeckt, hatte er doch eben seinen Aufruf zur Schaffung des Landschaftsgartens Muskau erlassen, mit dem er noch Wörlitz in den Schatten stellen will und stellen wird. Er hatte also genug um die Ohren.

Ob familiäre Abneigung oder anscheinende Arbeitsüberlastung, auf jeden Fall hat *Pückler* sich über die Missachtung geärgert, wie wir aus Briefen wissen. Dies dürfte der erste Grund für die lebenslange Zurückhaltung zwischen den beiden großen deutschen Gartenpoeten ihrer Zeit sein. Umso mehr als Lenné *Pückler* in Glienicke erneut ausstechen wird, als *Prinz Karl*, der drittälteste Sohn des Königs *Friedrich Wilhelm* und der *Königin Luise*, selbst ein begeisterter Gärtner, 1824 den Besitz erwirbt und weiter ausbaut.

Heinz Wiegand, Gartendenkmalpfleger zu Berlin, beschreibt Lennés erste Maßnahmen in Klein-Glienicke:

Wichtiges Merkmal wurden drei mit Laubgehölzen besetzte Hügel, die so geschickt angeordnet wurden, daß sich zwischen diesen Erhebungen ein zur Havel neigender und öffnender Wiesengrund ergab. Ausgestattet mit reichhaltigen, raumbildenden Gehölzen, einem Wegenetz mit immer wieder neuen Ausblicken, Brunnen, Blumenbeet und Kunstwerken, gewährte dieser Garten ein Optimum an Empfindungen und Eindrücken und erreichte durch mehrere je nach Standort wechselnde Fernsichten in die Havellandschaft und nach Potsdam eine ungeahnte Weite und Großzügigkeit.

Sichtlinien und -schneisen sind Hauptmerkmale aller Arbeiten von Lenné. In seinen Plänen finden sie sich als gestrichelte Linie eingezeichnet. Eine solche Sichtlinie legt er gleich zu Anfang übrigens auch zwischen Glienicke und seinem anderen Auftrag, dem Potsdamer Neuen Garten am gegenüberliegenden Havelufer, an. Als er im Oktober 1816 dem Hofmarschall *von Maltzahn* seinen Plan vom Neuen Garten nebst dessen Umgebungen vorlegt, sieht dieser durch kulissenartige Baumpflanzungen, die eine alte Pappelallee ersetzen, einen gewollten Durchblick vor.

Da zeichnet sich eine Lebensaufgabe ab, die der junge Gartengeselle anscheinend hellsichtig erkennt und die der Gartengeneraldirektor vollenden wird: die Insel Potsdam als großer Landschaftsgarten, eine Art preußisches Arkadien.

Doch gibt es Widersprüche. Dem König ist das alles zunächst viel zu teuer, Lenné kann seine Pläne nur etappenweise durchführen. Das Schlagen der Pappelallee und die endgültige Herstellung der Sichtschneise zwischen Potsdam und Klein-Glienicke genehmigt *Friedrich Wilhelm III.* übrigens erst 1824, als er seinen Sohn jenseits der Havel besucht. Die beiden sind sozusagen Gartennachbarn geworden, und da findet es selbst der sparsame König schön, wenn nun auch eine optische Verbindung hergestellt wird.

Dass Lenné sie von vornherein beabsichtigt hat, zeigt, dass er nichts anpackt, ohne auf die großen Zusammenhänge zu achten. Ein Pragmatiker mit Vision.

Die Gartenkunst

Es gibt eine Art von Credo, 1824 niedergeschrieben. Aller Wahrscheinlichkeit nach stammen die Worte von Lenné, sie passen zu ihm und seinem Stil. Im Übrigen war er der Vorsitzende jenes Wettbewerbs, den der Gartenverein ausgeschrieben hatte und auf den folgender Text sich bezieht.

Es ist kaum eine Landschaft, geschweige eine Feldmark denkbar, welche unter der ordnenden Hand des Künstlers der ästhetischen Ausschmückung und der ökonomischen Verbesserung durch Anpflanzungen unfähig wäre. Auch die glücklichste Landschaft, mit allen reichen Bildungen der Natur ausgestattet, kann durch die richtige Anwendung der Gartenkunst und durch die vielen ihr zu Gebot stehenden Mittel ästhetisch aufgeschmückt und ökonomisch verbessert werden.

Das Ergebnis des Wettbewerbs »Zur Aufschmückung ganzer Feldmarken« war übrigens erbärmlich. Obwohl 100 Taler ausgelobt worden waren, damals eine erhebliche Summe, gingen überhaupt nur zwei Arbeiten ein; beide erwiesen sich als unbrauchbar. Das zeigt erneut, wie rar gesät Landschaftsgärtner in Deutschland noch waren und wie notwendig jene von Lenné und seinem Verein geplante und gegründete Gärtnerschule war.

Der Gartendirektor oder Mit-Gartendirektor musste, nach einer Verlängerung der Abgabefrist um zwei Jahre und nachdem wieder keine Einsendungen erfolgten, selbst tätig werden. Zusammen mit dem Besitzer des Gutes Reichenbach bei Stolp in Pommern, das er mehrfach aufsuchte, entwickelte er einen Neubepflanzungsplan. Angestrebt wurde eine Vereinigung der ästhetischen mit den ökonomischen Rücksichten. Den zusätzlichen Text »Ueber Trift- und Feldpflanzungen« dürfte *Carl G. Bethe,* der Besitzer von Reichenbach, nicht ohne Hilfe Lennés verfasst haben. Dieser lieferte selbst die detaillierten Zeichnungen. Neunutzung, für die Lenné die Beschränkung auf Wald- und Obstbaumanbau sowie Schafzucht vorgesehen hatte, und gartenmäßige Schönheit mussten auf einen Nenner gebracht werden, weil die Preise für Getreide, bislang Haupterzeugnis des Guts, ins Bodenlose gefallen waren. Seit der Hungersnot von 1817 wurde in ganz Preußen genügend Getreide und bald sogar zuviel davon angebaut. Lenné hatte in Reichenbach mit einer besonderen Schwierigkeit fertig zu werden: Die Weideplätze der hochgezüchteten Schafe, die eine besonders wertvolle Wolle lieferten, mussten von aller Staubeinwirkung abgeschirmt sein, weil sonst die Qualität erheblich vermindert worden wäre. Das Kunststück gelang ihm teils durch Hochstämme, teils durch waldförmig gehaltene Streifenpflanzungen, ein Beweis, dass dem Pragmatiker-Poeten ästhetische Aufschmückung und ökonomische Verbesserung keine Gegensätze bedeuteten. Er scheint sich, im Gegenteil, durch derartige Doppelaufgaben besonders herausgefordert gefühlt zu haben.

Das Beispiel Reichenbach ist hier eingestreut, obwohl oder weil es in eine Zeit fällt, da in der Hauptsache von Gartenkunst die Rede ist oder vielmehr der chronologischen Werkeinteilung zufolge die Rede sein sollte. An Reichenbach arbeitet Lenné, während er gleichzeitig am Potsdamer Neuen Garten, auf der Pfaueninsel, in Klein-Glienicke, Nikolskoe, aber auch anderen Gärten in Potsdam sowie in Boizenburg und Basedow tätig ist; vor allem aber auch – wir kommen noch darauf zu sprechen – am Charlottenhof.

Auf Nikolskoe am Havelufer südlich der Pfaueninsel zeigt sich eine weitere Eigenart oder Sonderlichkeit Lennés. Wie er in seine Parks gern exotische Bäume und Sträucher einbezieht (ein Fehler übrigens, die meisten haben nicht überdauert und mussten bald durch einheimische Gewächse ersetzt werden), so hat er auch eine Vorliebe für fremdländische Bauentwürfe. Der Bauhistoriker *Friedrich Mielke* führt sie auf Einflüsse des Süddeutschen *Sckell* zurück. 1819 lässt der russophile König *Friedrich Wilhelm III.* von Lenné an schöner Aussichtsstelle ein Blockhaus errichten, in dem bei einem Besuch des Zaren *Alexander I.* dessen Leibkutscher stilgemäße Unterkunft findet. Der rundlaufende Balkon und die Verzierungen am weit vorspringenden Dach erinnern jedoch eher an ein Schweizerhaus, obwohl doch die Balken im fernen Russland zurechtgeschnitten worden sind.

Die Schweiz ist damals durch die Schriften *Rousseaus, Pestalozzis, Madame de Staëls* und *Salomon Geßners* »Idyllen« ungemein populär. Auch hat der Kanton Neuchâtel ab 1707 als kleine Exklave zum preußischen Königshaus gehört und ist erst nach der französischen Okkupation 1814 stillschweigend der Eidgenossenschaft eingegliedert worden, ohne dass die Bewohner ihre preußische Staatsangehörigkeit verloren hätten.

Wie von *Sckell* in München wird, *Mielke* zufolge, in Potsdam von Lenné erstmals der Boden für alpenländische Bauten vorbereitet, allerdings ohne dass ein Bauherr zunächst den Wunsch gehabt hätte, sie im »Schweizer Stil« ausführen zu lassen. Persönliche Impulse entstanden erst durch die Heirat des preußischen Kronprinzen *Friedrich Wilhelm* mit der bayerischen Prinzessin *Elisabeth*. Für sie legte Lenné einen »Alpengarten« an, und der Prinz bestand an seinem Schloss Charlottenhof (1826) – statt der von *Schinkel* vorgeschlagenen Markisen – auf Fensterläden, die er in den bayerischen Farben blau und weiß streichen ließ. Den Eingang flankieren zwei Gemsen, und nördlich des Schlosses wurde ein Weinberg angelegt, auf dem nach Tyroler Art die Reben horizontal über den Boden gezogen waren.

In Potsdam leben noch einige russische Soldaten, die von den Befreiungskriegen dort zurückgeblieben sind. Es handelt sich um *Yorck von Wartenburgs* berühmten russischen Sängerchor oder vielmehr dessen letzte 12 Überlebende und ihre Familien. 1825/26 beschließt *Friedrich Wilhelm III.,* ihnen bei Bornstedt eine Siedlung aus heimatlichen Blockhäusern mit dazugehöriger Kapelle bauen zu lassen, nach dem Vorbild russischer Militärdörfer des 18. Jahrhunderts. Lennés erster Entwurf gefällt dem König nicht; er hat es sich irgendwie anders vorgestellt. Da gibt der Gartenarchitekt dem Ganzen eine oval gestreckte Form, die wie das Andreaskreuz geschnitten ist. *Friedrich Wilhelm* ist zufrieden. Die Siedlung Alexandrowka am Fuße des Pfingstbergs gibt es – wie das Blockhaus von Nikolskoe – heute noch.

Blockhaus in der Siedlung Alexandrowka

Kurioses, skurril Unpassendes, Überraschendes reizt die Romantik. Als Romantiker könnte man Lenné sowohl *Eichendorff* als auch einem weiteren preußischen Beamten an die Seite stellen, *E.T.A. Hoffmann.* Augenzwinkernde, mitunter etwas groteske Einfälle fliegen Lenné an.

Auf der Pfaueninsel, einem Lieblingsaufenthaltsort der verstorbenen *Königin Luise,* daher dem König besonders am Herzen gelegen, ergibt sich für Lenné eine weitere aus dem Rahmen fallende Aufgabe, wie er sie nur zu gerne gleichsam nebenbei übernimmt. Der sonst so sparsame und alles andere als extravagante *Friedrich Wilhelm III.* sammelt seit einiger Zeit – was gar nicht zu ihm passt – exotische Tiere. 874 Tiere hält der König zeitweilig auf der Pfaueninsel. *Fontane* erzählt in seinen »Wanderungen« (Band Havelland):

1828 (…) ward auch eine reizende, alle Tierarten umfassende Menagerie erworben. Sie wurde hier wie von selbst zu einem zoologischen Garten, da Lenné, feinen Sinnes und verständnisvoll, von Anfang an bemüht gewesen war, den einzelnen Käfigen und Tiergruppen immer die passendste landschaftliche Umgebung zu geben.

Im Gegensatz zu anderen kaiserlichen und königlichen Familien, etwa den Habsburgern oder den Romanows, haben die Hohenzollern ihre Gärten, wenn auch nicht ganztags, aber immerhin regelmäßig ihren Untertanen geöffnet gehalten. In ihrem eigenen Land war die Dynastie beliebt, *Friedrich Wilhelm* ging mit seiner *Luise* ohne Schutz und Begleitung sowohl im Tiergarten als auch auf der Pfaueninsel spazieren und grüßte huldvoll einen jeden zurück, der – »Guten Tag, Majestät!« – den Hut zog. Zu Zeiten Lennés bewachten zum Beispiel nur mehr fünf Sergeanten das Riesenareal der Gärten von Sanssouci. *August Kopisch* berichtet Folgendes:

Eine Fahrt nach der Pfaueninsel galt den Berlinern als das schönste Familienfest des Jahres, und die Jugend fühlte sich überaus glücklich, die munteren Sprünge der Affen, die drollige Plumpheit der Bären, das seltsame Hüpfen der Känguruhs hier zu sehn. Die tropischen Gewächse wurden mit manchem Ach! des Entzückens bewundert. Man träumte in Indien zu sein und sah mit einer Mischung aus Lust und Grauen die südliche Tierwelt: Alligatoren und Schlangen, ja das wunderbare Chamäleon, das opalisierend oft alle Farben der blühenden Umgebung widerzuspiegeln schien.

Es passt zu Lenné, dass er eine Affinität zu Zoologischen Gärten besitzt. Den Zoologischen Garten in Berlin hat er errichtet, angelehnt an den Tiergarten und als Endpunkt der vorhin erwähnten Straßenzüge. Aber Lenné legte auch den heute »Tierpark« genannten Zoo in Berlin Friedrichsfelde (Bezirk Lichtenberg) an. 1821 erhielt er den Auftrag der Familie *von Treskow,* die einige Jahre zuvor das Schloss Friedrichsfelde erworben hatte, den von holländischen Kanälen rechteckig eingefassten Park in einen Landschaftsgarten umzuwandeln und zu erweitern. Zu Zeiten der DDR war der »Tierpark« der Ost-Berliner Zoo. Der Tierpark besteht auch heute noch und zieht nach wie vor viele Besucher und Ausflügler an. Leider ist bei der Umwandlung des Parks in den Jahren nach 1955 so gut wie nichts von Lennés Werk erhalten geblieben.

Lenné selbst ging bei Umgestaltungen vorsichtiger zu Werke. Wie er auch in Friedrichsfelde die ursprüngliche Mittelachse des Parks und sogar die Kanäle erhielt, bezog er oft und gern das Vorhandene ins Neue, Modernere ein. Wiederum *Fontane*, dieses Mal über den Park Liebenberg (in »Fünf Schlösser«):

Sein gegenwärtiges Aussehen empfing er durch Lenné, der übrigens Reste der ursprünglichen Anlage fortbestehen ließ und durch diesen Akt der Pietät auch der Schönheit einen Dienst leistete.

Das hat der Gartendirektor auf seiner Dienstreise durch englische Gärten gelernt. In England tritt *Repton* längst für Mischformen aus Alt und Neu ein, aber auch schon *Capability Brown* ließ, etwa im Park von Blenheim, zumindest einen Teil des alten Gartens mählich in den neu geschaffenen übergehen.

England hat überhaupt Lennés Stil entscheidend beeinflusst, ihn gewandelt und eigentlich sogar befreit. Vielleicht sollte man die Zäsuren seines Werks doch anders setzen – die Reise ins Heimatland des Landschaftsgartens hat eine solche Zäsur dargestellt. Die Einflüsse *Thouins* und *Sckells* treten zurück. Ein liberalerer Geist weht in Zukunft durch Lennés Ideen und Entwürfe. Er entwickelt jetzt seine ureigene Handschrift, deutlich erkennbar an der sanft geschlängelten optimalen Wegeführung, den ebenso sanft geformten Hügeln mit den Baumgruppen, den überlegenen Einbezug von Wasserflächen, großen vorhandenen und neu geschaffenen kleinen. Ein weiteres Merkmal seiner Gartengestaltung sind vor allem aber jene Sichtschneisen und Ausblicke, die jeden Lenné-Garten größer erscheinen lassen, als er in Wirklichkeit ist, und landschaftliche Zusammenhänge herstellen, wie sie sonst selbst den Größten – von *William Kent* bis *Fürst Pückler* – kaum gelingen.

Die zweite Zäsur würden dann die beiden 1844 und 1847 angetretenen Italienreisen setzen, die Lenné vor allem Impulse für seine Volksparks und die Wiedereinbeziehung ornamentaler Elemente in den englischen Gartenstil geben.

Der Gartendirektor hat übrigens auch Paris wiedergesehen, 1837, als er Brüssel besucht – Gärtner und Gartengestalter werden viel auf Reisen geschickt. Ihre Kunst gilt als eine internationale, was sie ja wohl auch ist.

Bezeichnenderweise hat Lenné, der sich sonst selten schriftlich äußert, wie er auch auf der Gärtnerlehranstalt, die er mitgeschaffen hat, nicht lehrt (das tut er nur in der Praxis), über seine Englandreise ein Journal verfasst und veröffentlicht. Es enthält ein Fragment, dem *Klaus von Krosigk,* der Berliner Gartenbaurat, programmatischen Charakter zuspricht:

Das Eigentümliche der englischen Gartenanlagen, schreibt Lenné, wodurch sie das Vorbild der neuen Gartenkunst geworden ist, besteht im allgemeinen:

a) in der Großartigkeit derselben und in der Vereinigung alles dessen, was die schöne Natur jeder Örtlichkeit darbietet, mit demjenigen, was die Kunst dazu getan hat, zu weit ausgebreiteten, sich gegenseitig belebenden Landschaftsgemälden,

b) in der Sorgfalt, das Zweckmäßige mit dem Schönen zu verbinden,

*c) in der Verbergung der Grenzen aller miteinander ver-
bundenen Partien,*

*d) in der Kühnheit und Mannigfaltigkeit der Massenbil-
dungen, welche überdies noch durch das milde Klima so sehr
begünstigt werden,*

*e) in der außerordentlichen Eleganz und Sauberkeit der
eingestreuten Gärten.*

Interessant ist die Reihenfolge, die Lenné der Aufzählung gibt. Vorrang hat das Natürliche, die überall vorhandene Schönheit der Landschaft, die es durch Kunst
zu veredeln gilt. Entstehen muss daraus eine Einheit,
ein Landschaftsgemälde, in dem sich Zweck und Schönheit verbinden. Die Nahtstellen sollten verborgen bleiben, die Pflanzungen kühn und mannigfach ausgeführt
und, zu guter Letzt, das Ganze wohl gepflegt und sauber gehalten werden.

Poesie ist bei Lenné, anders als bei *Pückler,* mit einem
Schuss Pedanterie versehen. Sie widersprechen einander bei ihm ebenso wenig, wie sich Poesie und Pedanterie bei komplizierten Versmaßen oder einem Sonett
widersprechen, die ja auch starre Gesetze haben. Wer
freie, reimlose Blankverse vorzieht, wird sicher lieber
durch Landschaftsgärten von *Capability Brown* oder
Fürst Pückler wandern, wer auch im Poetischen die
Ordnung liebt, wie sie *Kleist* vertritt – es muss ja nicht
gleich *Platen* sein oder *Rückert –,* dürfte sich in Lennés
Gärten wohler fühlen. Seine Kunst ist, wie es *Novalis*
gefordert hat – reell. Sie wird durch sein Englander-
lebnis fast noch reeller, diesseitiger.

In eine genaue Chronologie lässt sie sich nur schwer
oder gar nicht bringen. Ein Landschaftsgarten ist nichts,

was jemals vollendet werden könnte. Man kann ihn nur, so gut es geht, in die Zukunft planen; er bedarf nicht nur der ständigen Pflege, sondern auch der ständigen Ergänzung.

Zudem liebt Lenné es, seine Arbeit einzuteilen, einesteils wegen der geringen finanziellen Mittel vom König *Friedrich Wilhelm III.,* der auf den Groschen sieht und nur das am wenigsten Kostspielige genehmigt, anderteils aber auch, weil er selbst es so lieber hat. Lenné verwirklicht Träume gerne systematisch, Schritt für Schritt. Wenn er eine größere Aufgabe anpackt, lässt sie ihn daher lange nicht los. An manchem arbeitet, ergänzt, vervollkommnet, ändert, modifiziert er ein Leben lang. Auch dies wieder zum Teil auf Wunsch der Auftraggeber, zum anderen Teil, weil es ihm und seinem Temperament entspricht.

Eine seiner lebenslangen Aufgaben bleiben die Gärten von Sanssouci. Drei Projekte reicht schon der 27-Jährige ein, der noch rigoroser vorging als später der gereifte Gartendirektor. Lenné gilt damals und noch lange Jahre als rücksichtsloser Baumzerstörer, der, um seine Ideen zu verwirklichen, die Axt – bildlich gesprochen – wie ein Berserker schwingt.

Aber man lässt ihn nicht. Oder vielmehr: Er lernt es allmählich, seine Rigorosität verschleiert zu halten. Aber wenn es schon seine Aufgabe ist, den englischen Landschaftsgarten in Preußen im Allgemeinen, im nahezu sakrosankten Sanssouci im Besonderen zu verbreiten, bleibt ihm nicht viel anderes übrig, als in das Alte zerstörend hineinzufahren.

Sein Tabula-rasa-Temperament verliert er jedoch schnell. Schon im August 1820 legt er seinen »Verschönerungs-Plan von einem Theile des Gartens zu Sans-Souci« vor. *Günther* nennt es ein höchst geistreiches, fein durchgearbeitetes Projekt. Nach und nach kann Lenné es dann auch ausführen, wobei er durchaus Kompromisse schließt. *Schulze* ist ja immer noch Mit-Gartendirektor, also bleibt dessen Lieblingskind, die Baumschule, erhalten, so auch das alte Grabensystem und die Hauptallee mit den eng gepflanzten Linden.

Trotzdem lockert Lenné die verwilderten Gärten gehörig auf, schafft etliche neue Sichtachsen in zumindest drei Himmelsrichtungen und, was die Hauptsache ist, legt alles so an, dass es nach weiterer Auflockerung und Fortsetzung geradezu schreit. Optisch bezieht Lenné in diesen Plan schon teilweise jenes Gelände mit ein, das erst ein paar Jahre später – mit auf sein Drängen – vom König erworben werden kann und wo das Schinkel-Lennésche Gesamtkunstwerk Charlottenhof entstehen wird. Sein Augenmerk scheint ständig auf kommende Möglichkeiten gerichtet, und er packt fast alle größeren Arbeiten von vornherein so an, dass sie früher oder später von ihm wieder aufgenommen werden müssen.

Im Jahr 1822 geht es weiter mit den Veränderungen. *Eyserbecks* Pflanzungen vor dem Neuen Palais machen einem Pleasure-ground Platz, mit Blumen, blühenden Sträuchern und kleinen Bäumen. Hier handelt es sich um eine neue Idee für derartige Anlagen, die Lenné in England gesehen hat, und zwar in Eaton Hall bei Chester.

Pückler, der fünf Jahre später, übrigens am Neujahrstag 1827, nach Chester gerät, eilt, sobald er »ein wenig

Toilette gemacht hatte, die Wunderdinge von Eaton Hall zu sehen«, findet aber Schloss wie Park »von allen bisher beschriebenen dieser Kategorie am unbedeutendsten«. Das Schloss scheint ihm überladen mit einem Chaos von neugotischem Geschnörkel, und was den Garten betrifft, so schreibt er:

(Mir ist) völlig unbegreiflich, wie Herr Laine, dessen Verdiensten um die Verschönerung seines Vaterlands man alle Gerechtigkeit widerfahren lassen muß, in den Annalen des Berliner Gartenvereins diesem Park vor allen, die er gesehen, den Vorzug geben kann, worüber sich die englischen Kritiker auch etwas lustig gemacht haben. Herr Laine ahmte vor dem neuen Palais in Potsdam den hiesigen Blumengarten nach. Ich hätte mir, gestehe es, an seiner Stelle ein anderes Muster gewählt, doch paßt dieser Stil allerdings vor dem dortigen Palais weit besser als vor einer gotischen Burg.

Also immerhin muss *Pückler* grollend zugeben, dass der fast gleichaltrige, nur vier Jahre jüngere, Berufsgartengestalter sehr stilsicher vorgeht. Mag der erste Blumengarten, den er entwirft, die Kopie eines englischen sein – mehr oder weniger sind alle Landschaftsgärten Europas Kopien englischer Vorbilder –, so hat Lenné an einem neugotischen Monstrum doch etwas entdeckt, was sich dem Konzept nach in Potsdam viel besser einfügt.

Es ist hier nicht der Raum, die lebenslange Beschäftigung Lennés mit Sanssouci in allen Einzelheiten zu schildern. Auch der Neue Garten am so genannten Heiligen See, der eine Erweiterung der Havel darstellt, hält ihn noch Jahrzehnte in Atem. Wieder muss er scheibchenweise vorgehen und zudem architektonische Kuriositäten, Grotten, Urnen, eine Eremitage, eine Pyramide und einen Marmorobelisken, weitere Monumente und maskierte Brunnen sowie eine als halb versunkener antiker Tempel gestaltete Küche direkt am Seeufer einbauen oder kaschieren. Das stammt zum Teil noch aus der Zeit *Friedrich Wilhelms II.* und von *Eyserbeck;* stilistisch passt alles überhaupt nicht zusammen. Lennés Leistung kann unter solchen Umständen kaum überschätzt werden. *Hans Huth* fasst es in seinem »Park von Sanssouci« 1929 in folgende Worte:

Lennés umfangreicher Reformvorschlag wurde als Gesamtplan zunächst abgelehnt. Lediglich die Verbesserungen einzelner Teile des Parkes wurden ihm im Laufe der Jahre übertragen. Das künstlerische Verdienst Lennés besteht aber darin, daß er bei diesen einzelnen Anlagen immer das Ganze im Auge behielt, so daß seine Korrekturen sich nicht auf die Veränderungen einzelner Parzellen beschränkten. Dadurch wuchsen die Teile des Parkes immer mehr zusammen und fügten sich inniger in den grünen Schmuckgürtel, den Lenné mit immer stärker werdender Zielsicherheit um Potsdam zu legen sich bemühte.

Diesem Idealziel, der Insel Potsdam, dient auch die Umgestaltung der Pfaueninsel, die Lenné 1829 in Angriff nehmen kann, als er den Auftrag bekommt, *Friedrich Wilhelms* Menagerie dort unterzubringen. Unter dem Vorwand, ein Lamahaus und die Bärengrube absondern zu müssen, öffnet er zugleich die zuvor von *Eyserbeck* und *Johann August Ferdinand Fintelmann,* dem

Hofgärtner auf der Pfaueninsel, weitgehend geschlossenen Gestaltungsräume. Zwischen den drei Nutzflächen der Insel – die erste, westliche, mit Schloss, Palmen- und Rosengarten ganz der Gartenkunst, die mittlere ganz dem Zoo, die dritte, östliche, der Landwirtschaft, hauptsächlich der Meierei gewidmet – legt er ein neues, lang gestrecktes Wegenetz an.

Dabei fügten sich alle drei Bereiche bruchlos in die große gartenkünstlerische Komposition Lennés, so daß die Aufgabe der Menagerie 1842 dem gartenkünstlerischen Gesamtbild keinerlei Minderung brachte.

Seiler, einer von *Fintelmanns* Nachfolgern, schreibt jene Worte. An anderer Stelle äußert er sich über Lennés Verhältnis zu *Fintelmann,* der übrigens ebenfalls als Gestalter englischer Parkanlagen, etwa in Alt-Madlitz, tätig war:

Man könnte eine Konkurrenzhaltung zwischen dem aufstrebenden Garteningenieur Peter Joseph Lenné und Ferdinand Fintelmann vermuten. Es war nicht so. Der Hofgärtner Ferdinand Fintelmann gehörte neben dem Garteningenieur Lenné im Jahre 1822 zu den Gründungsmitgliedern des Vereins zur Beförderung des Gartenbaus in den königlich preußischen Staaten. Fintelmann verkehrte freundschaftlich im Hause Lenné, und man gebrauchte in einigen Schriftstücken das vertraute »Du«.

In der »Reisebeschreibung des Berliner Künstlervereins« vom 13. August 1825 wird *Ferdinand Fintelmann* wie folgt beschrieben:

Freundlich empfing sie der kunstreiche Burgwart und Gärtner,
gewandt mit dem krummen Messer und dem Zeichenstifte.

Vieles deutet darauf hin, dass *Ferdinand Fintelmann* wie
auch sein Neffe *Gustav Adolph,* der 1834 seine Nachfol-
ge übernahm, Lennés Pläne getreulich und gewissenhaft ausführten, Pläne, die dieser nicht selbst zeichnete,
sondern in diesem Fall von seinem begabten Schüler
Gerhard Koeber zeichnen ließ. *Fintelmann d. Ä.* war im
Übrigen auf die Blumengärtnerei spezialisiert. Von
ihm gezüchtete Dahlien, damals noch Georginen genannt, versandte er bis nach Amerika (von wo er sie
ursprünglich eingeführt hatte). Und Hortensien, für
die die Pfaueninsel schon zu Zeiten der *Königin Luise*
berühmt war, verstand er, wie *Seiler* verraten hat, mit
Schilferde blau zu färben. Hortensienliebhaber, zu
denen der Verfasser dieser Zeilen zählt, wissen, wie
schwer so etwas ist (mir gelang es, freilich im fernen
Cornwall, vermittels einer eingegrabenen Makrele,
dem Geheimrezept der dortigen Fischer, hier freimü-
tig zur Verfügung gestellt). *Fintelmann* dürfte für Lenné
kein Konkurrent gewesen sein, eher ein freundlicher
Helfershelfer.

In Sanssouci rundet Lenné sein Werk ab mit dem
Marlygarten an der Allee zum Grünen Gitter, das wir
schon erwähnt haben. Viele, darunter auch *Georg Dehio,*
betrachten diese Umgestaltung zu einem klassischen
Landschaftspark, die der König durch beträchtliche
Grundstücksankäufe ermöglichte, für den schönsten
Garten, den Lenné angelegt hat. Da lässt ihm, 1844 bis
1855, *König Friedrich Wilhelm IV.* aber auch schon weit-
aus freiere Hand als sein Vorgänger. Angelehnt an die

von *Persius* begonnene Friedenskirche, die der König zu seinem eigenen Begräbnisort ausersehen hatte, und an einen künstlichen See grenzend, wirkt der Marlygarten, *Dehio* zufolge, einzigartig durch das Zusammenwirken von Bauten und Garten sowie den Wechsel von großen Rasenflächen und rahmenden Baumgruppen mit malerischen Durchblicken. Hoch überragt alles wie ein Zeigefinger der frei stehende Glockenturm, der nach dem Vorbild des Campanile von S. Maria in Cosmedin zu Rom errichtet wurde. Mit dem Marlygarten setzt der reine Gartenkünstler Lenné so etwas wie einen Schlusspunkt, obwohl die Arbeit, nun freilich ausgedehnter und landschaftlicher ausgerichtet, weitergeht.

Und wenn wir jetzt von Potsdam den Katzensprung machen nach Klein-Glienicke, dann führt uns dieser zum Glück nicht mehr über eine scharf bewachte Grenze hinweg von einem Deutschland in ein anderes. Lenné hatte diese Landschaft bewusst grenzenlos gestaltet. Seine Insel Potsdam besteht heute noch, auch wenn sie kein preußisches Arkadien geworden ist.

Gehen wir deshalb bei Klein-Glienicke statt wie bisher von den historischen von den heutigen Verhältnissen aus.

Glienicke

Jeder wahre Garten ist von seiner eigen-
tümlichen Lage und Umgebung bedingt,
er muss ein schönes Individuum sein,
und kann also nur einmal existieren.
Ludwig Tieck

Klein-Glienicke ist heute schon wieder ein schönes Individuum und so einmalig, wie *Prinz Karl* es gewollt, *Schinkel* es gebaut und Lenné es – unter zeitweiligem Eingreifen *Pücklers* – *zu* einem Gesamtkunstwerk gestaltet hat. Es besteht aus *Schinkels* schönen klassizistischen Bauwerken, denen später auch *Persius* und *Arnim* noch einiges beigegeben haben, der weiten Havel, einem Pleasure-ground mit kleinen künstlichen Teichen und Inseln, dem abwechslungsreichen englischen Park und, nicht zuletzt, den Sichtschneisen hinüber nach Potsdam und Babelsberg, die das Ganze wie ein einziges, von Kunst veredeltes Stück Natur erscheinen lassen. Was die Kunst betrifft, so hat sie den Traum von der schönen Insel Potsdam mitten in Preußen realisiert. Die Politik allerdings untergrub diesen Traum über Jahrzehnte hinweg.

Lange Zeit konnte man nicht, wie noch in einem Reiseführer von 1880 zu lesen, in zehn Minuten zu Fuß von Glienicke nach Babelsberg gelangen (damals brauchte man nur über die Glienicker Lake zu setzen).

Während der 40 Jahre der Teilung Deutschlands dauerte die Fahrt zu dem zum Greifen nahen Babelsberg Stunden, da man einen weiten Umweg über den offiziellen Grenzübergang machen musste.

Die Sichtschneise allerdings, die Lenné übrigens sehr viel plastischer Hauptgesichtslinie nannte, besteht schon seit 1982 wieder. Man hatte sie beiderseits verwachsen lassen, aber eines Tages war sie plötzlich wieder da, frei geschlagen, wie es scheint aufgrund einer augenzwinkernden Vereinbarung zwischen dem damaligen Schlösser-und-Gärten-Herrn im Westen, *Martin Sperlich,* und seinem Ost-Kollegen mit dem ungemein berlinischen Namen *Eisbein.*

Damals begann aus Glienicke wieder Glienicke zu werden, dank den eben Genannten und Männern wie *Michael Seiler* (Dienststellenleiter auf der Pfaueninsel) oder dem Gartendenkmalspfleger *Klaus von Krosigk.* Im Laufe der Jahre und vor allem auch seit der Wiedervereinigung hat sich viel getan. Inzwischen klingt die Bezeichnung »Insel Potsdam« für die drei Parkanlagen in Glienicke, Babelsberg und Potsdam nicht mehr allzu weit hergeholt.

Berlin (zumindest der damalige Westteil der Stadt) hat seine historischen Parks und Gärten erst mit seinem Denkmalschutzgesetz vom 22. Dezember 1977 in puncto Erhalt, Schutz und Wiederherstellung den historischen Bauten gleichgestellt. Das war in Frankreich und Großbritannien zwar schon immer selbstverständlich, doch in deutschen Landen sah das anders aus, denn hier fällt es offenbar schwer, die Menschen davon zu überzeugen, dass ein Park oder ein Landschaftsgarten zusammen mit den dazugehörigen Bauten ein Kunst-

Schloss Klein-Glienicke

werk darstellt, das so erhalten bleiben sollte, wie es geplant wurde. Man malt ja auch nicht ständig die Nachtwache oder die Sixtinische Madonna um.

Und erst seit eben 1982 stand für gartenpflegerische Maßnahmen ein bestimmter Etat zur Verfügung, den das Amt mit dem schönen Namen »Natur, Landschaft, Grün« beim Umweltsenator verwaltete. Das meiste Geld floss nach Glienicke (ein trockener Schwamm, murmelte *Krosig* damals), weil das *Schinkel*-Jahr bevorstand und man sich nun endlich dazu entschlossen hatte, den gründlich verhunzten Park, der laut Sperlich zur ungestalteten Wiese verkommen war, zu restaurieren.

An diesem romantischen Stück Italien am Stadtrand Berlins, einem der schönsten deutschen Gesamtkunstwerke überhaupt, hat sich jede Generation, wie es scheint, neu versündigt. So verschieden die Regierungen gewesen sein mögen, die wir in Deutschland gehabt haben, in einem war sich die wechselnde Obrigkeit offensichtlich einig und arbeitete einander in die Hand: in der Verunstaltung Klein-Glienickes.

Schon im Kaiserreich hat man die Berlin-Potsdamer Chaussee, die hier vorbeiführt, über Gebühr aufgeschüttet, wodurch dem von *Schinkel* erbauten Schlösschen ein gut Teil seines wohl berechneten Sockels genommen wurde. Auch *Schinkels* Steinbrücke hat man durch eine hier absolut unpassende Eisenkonstruktion ersetzt, als sei die Havel der Firth of Forth. In der Weimarer Republik erlaubte man es den Nachfahren *Prinz Karls,* ihren Besitz von den zum Volkspark erklärten öffentlichen Gärten abzugrenzen, was das Gesamtkunstwerk brutal zerschnitt. Seit die Stadt Berlin 1934 nahezu den gesamten Garten gekauft hatte und 1939 auch Schloss sowie Pleasure-ground in städtischen Besitz übergegangen waren, wurden Brunnen und kleine Seen trockengelegt, die Blickbeziehungen innerhalb des Parks und die in die Umgebung durch Zupflanzungen verstellt. Auch die Wegeführung Lennés schien seinen Nachfahren zu verschlängelt. Als hätten sie sich *Klenzes* Worte über die krummen Wege (um möglichst langsam an einen Ort zu gelangen, den man bald erreichen möchte) zu Herzen genommen, begradigten sie diese mit höchst erstaunlicher Unsensibilität.

Noch Schlimmeres geschah unter *Hitler.* Sein Generalinspekteur für das Straßenwesen und späterer Rüstungsminister *Albert Speer* ließ *Schinkels* Große Neugierde um elf Meter versetzen und zudem drehen. Die Landstraße verbreiterte er erneut und wollte kurz vor dem Krieg sogar eine zweite Straße durch den Park ziehen, wozu bereits riesige Kiesmengen angefahren worden waren. Diese überstanden den Zweiten Weltkrieg und kamen den Arbeitsbeschaffern im Notstandsprogramm der 1950er Jahre eben recht. Im Rahmen so genannter Wiederherstellungsarbeiten ließ man den Kies durch Schaufelkolonnen gleichmäßig über Park und Pleasure-ground verteilen, wodurch nun auch noch zusätzlich Lennés wohl modellierte Landschaftshügel eingeebnet wurden. Wucherndes Unterholz, desolate Blumenbeete, zerbrochene Sitzbänke taten ein Übriges, zu schweigen von den unpassenden, aber pflegeleichten Backsteinen, mit denen man die Plätze rund um die Gebäude – an Stelle des bisherigen Kleinpflasters – regelrecht vermauerte. Wenn wir etwas nötig hatten in Berlin, lautete damals mein Stoßseufzer im »Tagesspiegel«, dann – heiliger Lenné! – eine Gartendenkmalpflege.

Sie setzte mit bewundernswerter Akkuratesse ein. *Michael Seiler* von der Pfaueninsel und sein für Klein-Glienicke verantwortlicher Kollege *Alfred Gobert* stellten regelrechte gartenarchäologische Grabungen an. Sie führten zu dem überraschenden Ergebnis, dass das alte Wegenetz samt Wasserleitungen und gemauerten Einfassungen der Blumenbeete noch vorhanden war, wobei mitunter bis zu einen Meter tief gegraben werden musste. Die gusseisernen Wasserleitungen, mit einem Kabelsuchgerät aufgespürt, ließen aufgrund ihrer Verlegungstiefe wiederum Rückschlüsse auf die ursprüngliche Form des jeweiligen Geländes, ob Hügel oder Tal, zu. Gleichzeitig vermaß der Garteningenieur *Josef Batzhuber* mit *Seiler* das Gelände des Pleasuregrounds, so dass schon im Herbst 1979 damit begonnen werden konnte, die Aussichtshügel erneut zu modellieren und das Wiesental, das sich zur Havel herunterzieht, wieder anzulegen. Den Arbeiten kam entgegen, dass Lenné als Unterbau für seine Wege meist verglasten und versinterten – also eingedickten – Schutt verwendete, der unverkennbar war.

Auch kam Hilfe von außen, von den letzten Nachkommen der Erben *Prinz Karls* aus der Schweiz. Der damals 85-jährige *Baron Piero Cerrini* konnte aus seinem Besitz eine Reihe von alten Photographien des Parks von vor 1870 zur Verfügung stellen, auf denen auch die Lage der einzelnen Blumenbeete ausgemacht werden konnte. *Graf Berg* brachte aus der Schweiz eine Büste des *Prinzen Karl* von *Julius Simony,* einem *Schadow*-Schüler, zurück, die zu *Bergs* 75. Geburtstag in *Schinkels* Kasinobau wieder aufgestellt wurde. Die Herren *Hans Meili* und *Kurt Rohr* aus Zürich schenkten den Abguss des Betenden Knaben zurück, der früher in Glienicke gestanden hatte. Und im Charlottenburger Archiv wurde man ebenfalls fündig: Die alten Originalpläne Lennés erleichterten die weitere Restaurierung erheblich.

Sogar *Pücklers* Blumenbeete konnten neu hergerichtet werden, denn im Keller der Kleinen Neugierde fand *Alfred Gobert* einige tönerne Scherben. Aus alten Aquarellen war bekannt, dass *Pückler* die aufgeworfenen, kissenartigen Beete mit Palmetten- und Arkanthusformen eingefasst hatte. Der österreichische, in Berlin ansässige Tonbildhauer *Gerald Matzner* konnte sie aus insgesamt 11 Varianten rekonstruieren.

So wuchs langsam unter großen Mühen das verschandelte Gartenkunstwerk wieder in den alten Zustand

zurück. Trotzdem bleibt noch viel zu tun. Landschaftsgärten bedürfen der ständigen Pflege, sonst sind sie in
wenigen Generationen dahin. Aber auch den Römischen Blick vom Stibadium kann man jetzt wieder genießen, den so viele Zeitgenossen beschrieben haben,
wobei man vor seinem geistigen Auge die Kuppel von
Schinkels Potsdamer Nikolaikirche für die des Peters-
doms nehmen muss.

Eine kuriose, wenngleich für Lenné bezeichnende
Entdeckung machte *Michael Seiler* im Garten hinter der
neu entstandenen Orangerie. Da befand sich doch
wahrhaftig eine noch nie bemerkte Lindenallee aus
Barocktagen. Lenné, der sonst jeden Baum exakt zu
verzeichnen pflegte, hat sie glatt unterschlagen, verschwiegen, um sie zu erhalten. Barocke Lindenalleen
waren romantischen Landschaftsgärtnern zwar suspekt,
aber abholzen mochten sie die schönen alten Bäume
dann doch nicht. Lenné half sich mit einem alten Gärt-
nertrick. Er pflanzte unregelmäßig Buchen dazwischen.
Und die wuchsen rasch, weil sie gut gedüngt wurden,
indes er die Düngung der bedauernswerten Linden
völlig einstellte. Bald sahen die Buchen älter aus als die
Linden, und das tun sie heute noch. Das grün-in-grün
eingeschobene Stück Barocklandschaft im italienisch-
englisch-preußischen Gartenindividuum stellt ein Lehr-
stück dar, wie wir es uns heute zu Herzen nehmen sollten: Verstecken statt Abholzen oder Abreißen heißt
– oder vielmehr hieß – die Parole; heutzutage geht
man da eher umgekehrt vor.

Pückler, der ja auch in Glienicke, wie er es selbst ausdrückt, hospitiert hat, war viel weniger penibel, und es
kennzeichnet die Unterschiede zwischen den beiden

großen deutschen romantischen Landschaftsgärtnern, wenn er an *Prinz Karl,* dem er sein Leben lang freundschaftlich verbunden war, am 7. November 1831 schreibt:

An Euer Königlichen Hoheit eigenen Schöpfungen nehme ich (…) eben so lebhaften Theil, als an meinen eigenen (…) Darf ich dabei als alter Praktiker mir einen unterthänigen Rath erlauben, so bitte ich Euer Hoheit nur um eins: nie bestehen zu lassen, was Ihnen nach der Ausführung nicht gefällt. Wenn meine Anlagen Euer Hoheit einigermaßen befriedigt haben, so ist es nur der festen Beobachtung diese Grundsatzes zu danken. Es giebt wenig Stellen, die nicht retouchirt wurden, viele, die zehnmal umgeworfen und neu gemacht worden sind. Ich bin in dieser Hinsicht unerbittlich (…) Kein Maler kann ein Gemälde enden, ohne hundertmal zu übermalen, zu bessern, wie sollte es dem erlassen sein, der ein Gemälde nicht mit docilem (fügsamem) Pinsel und Farben, sondern mit dem so oft widerstrebenden Material der Natur selbst herzustellen unternimmt (…).

Es hat *Prinz Karl* nach eigenem Eingeständnis sehr geschmeichelt, als *Pückler* ihm 1834 seine »Andeutungen über Landschaftsgärtnerei« widmete. Warum er trotzdem dem Fürsten nicht, wie dieser wohl gehofft hatte, den Glienicker Auftrag erteilt hat? Dafür gibt es wohl einen guten Grund. *Prinz Karl* war selbst ein ideenreicher Gestalter, und Lenné war es gewohnt, im Team zu arbeiten und auf andere zu hören. *Pückler,* der Einzelgänger, ließ sich nur schwerlich ins Handwerk fuschen, wie er es nannte. Er hat dann aber doch zum Gesamtkunstwerk durch seine Blumenanlagen und

– wie es den Anschein hat – die Teiche am Pleasure-ground beigetragen. Lenné gegenüber revanchierte er sich, indem er ihm den Auftrag für Babelsberg, gegenüber von Glienicke, wegschnappte.

Aber es gibt noch etwas, das Glienicke dem *Fürsten Pückler* verdankt. Die 25 000 Bäume, die Lenné dort gepflanzt hat, stammen zum guten Teil aus dem klassischen Park in Wörlitz. Viele von ihnen waren schon 40 bis 60 Jahre alt. Die Methode, derart alte – und sogar blühende – Bäume zu verpflanzen, hat *Pückler* in Europa eingeführt. Er hat sie allerdings nicht selbst erfunden, sondern englischen Gärtnern durch Bestechungssummen abgekauft.

Vergessen wir nicht den Anteil *Schinkels* am Garten, wie man den Anteil Lennés an den Gebäuden nicht übersehen sollte. Mit *Schinkel* befindet Lenné sich in ständigem Dialog, nicht nur bei den unzähligen Arbeitstreffen an den jeweiligen Baustellen, also auch in Klein-Glienicke, sondern sogar in Freizeit und Geselligkeit. Die beiden planen ununterbrochen miteinander oder aufeinander zu und korrigieren gegenseitig im Gespräch die Pläne und Entwürfe des anderen. Sie übergeben einander sogar Dinge, von denen sie glauben, dass der andere für sie geeigneter sei. Seine letzte städteplanerische Arbeit am Lehrter Bahnhof in Berlin hat *Schinkel* auf diese Weise von Lenné übernommen, der mit dieser Aufgabe nicht zu Rande kam.

Glienicke haben die beiden Freunde, vereint mit ihrem Auftraggeber *Prinz Karl,* zu einem unverwechselbaren Individuum zu machen verstanden. Es existiert wieder, wiederum durch ebenso liebevolle wie zähe Teamarbeit.

Mit Schinkel – oder Siam in Preußen

Als *Friedrich Wilhelm III.* seinem Sohn *Karl* ein barockes Palais am Wilhelmplatz zuweist, besichtigt dieser es zusammen mit *Schinkel,* der es dann umbaut. Sein Bauleiter, *Friedrich August Stüler,* muss als erstes eine genaue Zeichnung der Gebäudeumrisse fertigen, damit Lenné darin seine Gartenvorstellungen skizzieren kann. *Stüler,* der eben 27-jährig seine Baumeisterprüfung glänzend bestanden hat, wird von *Schinkel* mehr oder weniger planmäßig zu seinem Nachfolger gemacht, indem er ihn immer wieder in den Vordergrund schiebt. Ob es damit zusammenhängt, dass *Stüler* sich zehn Jahre später, 1837, sein Wohnhaus in unmittelbarer Nähe des Gartendirektors errichtet, Lennéstraße 3?

Wer damals in Preußen *Schinkel* sagt (und das tun viele), sagt auch Lenné. Da ganz Preußen darauf versessen scheint, möglichst alles von *Schinkel* entwerfen und bauen zu lassen, gehört ein Garten von Lenné so gut wie selbstverständlich dazu. Über Arbeitsmangel können sich beide nicht beklagen. Denn zu den großen, sich über Jahre und Jahrzehnte hinstreckenden Aufgaben treten unzählige kleinere.

Eine besonders enge Zusammenarbeit ergibt sich bei der gemeinsamen Arbeit am so genannten Ansbachischen Palais, das *Schinkel* für den *Prinzen Albrecht,* den jüngsten Sohn *Friedrich Wilhelms III.* und der *Königin*

Luise, umbaut. Lenné hat schon 1820 dafür einen Plan entworfen, aber der wird hinfällig, als *Prinz Albrecht* ein Nachbargrundstück hinzuerwerben kann. *Schinkels* Umbau und Lennés Garten (mit einer Hauptgesichtslinie hin zum Kreuzberg) sind viel bewundert worden, obwohl »dieser mit viel Liebe und überschäumender Phantasie erdachte Plan« nur in Teilen ausgeführt werden konnte (das Zitat stammt aus einem Katalog, der *Harri Günthers* Lenné-Ausstellung in Sanssouci 1984 begleitet hat).

Das traurige Schicksal dieses Schinkel-Lennéschen Gesamtkunstwerks ist bekannt. Im Dritten Reich nutzte die Gestapo das Prinz-Albrecht-Palais als Hauptquartier, eine Zentrale des Schreckens mit eigenen Zellen, schon der Name des Gebäudes konnte erschauern lassen. Da war es beinahe verständlich, dass man nach Kriegsende aus Scham und Schande das nur wenig beschädigte Gebäude dem Erdboden gleichmachte und den Garten, der allerdings bereits erheblich gelitten hatte, dazu.

Spätestens seit dem Wiederaufbau (1979–1981) des benachbarten Martin-Gropius-Baus, dem ehemaligen Kunstgewerbemuseum, erhob sich die Frage, wie man dem wüsten Gelände einen würdigen Rahmen zum Gedächtnis all der Opfer des Dritten Reiches geben könne. Erst zur 750-Jahr-Feier Berlins 1987 machte man das Gelände der Öffentlichkeit zugänglich und eröffnete einen provisorischen Austellungspavillon. Die »Topographie des Terrors«, eine vom Land Berlin und dem Bund gemeinsam getragene Stiftung, wurde 1994 gegründet. Ein Jahr später wurde der Grundstein für den Bau des Internationalen Dokumentations- und

Begegnungszentrums gelegt, doch um den von Architekturkritikern gefeierten Entwurf des bekannten Schweizer Architekten *Peter Zumthor* ist heftiger Streit entbrannt – den Landespolitikern ist das Bauprojekt zu teuer. So ist derzeit – neben dem Betonrohbau des Neubaus – nur die Open-air-Ausstellung zu sehen. Sie wurde 1997 in den Ausgrabungen entlang der Niederkirchnerstraße installiert und zeichnet die Geschichte des Geländes und der Institutionen nach, die hier angesiedelt waren.

Erhalten blieb von den kleineren gemeinsamen Arbeiten des Geheimen »Ober-Bau-Directors« und des königlichen »Garten-Directors« ohnehin nicht viel. 1831 hatte *Schinkel* seinem Freund *August Ludwig Kerll,* mit dem er ein paar Jahre zuvor in Italien gewesen war, ein Haus errichtet, Bauhofstraße 1, mit Blick auf die Singakademie. Das Wohngebäude wurde im Zweiten Weltkrieg total zerstört, und Lennés ehemaliger Garten dient als Durchgang von der heutigen Dorotheen- zur Bauhofstraße. Zwei Bäume, die 1984 im Osten Berlins wieder entdeckt wurden und die noch von Lennéschen Pflanzungen herrühren mögen, stehen noch dort, »von denen«, so Harri Günther, »besonders die alte Kastanie mit ihrer weit überhängenden Krone an die einstige Gartenschönheit erinnert«.

Auch Unter den Linden 1, wo später das berühmte Hotel Adlon entstand, waren Lenné und *Schinkel* gemeinsam tätig, und zwar für den Theaterintendanten Graf *Friedrich Wilhelm von Redern.* Den Lustgarten, den *Schinkels* Museumsbau dominiert, hat Lenné neu auf diesen hin aus- und eingerichtet. Und als *Schinkel* am 1. April 1836 sein letztes Werk, die Bauakademie, übergibt, ist es sogar dem sparsamen *Friedrich Wilhelm III.* ein Bedürfnis, nun auch die Umgebung von Lenné neu gestalten zu lassen. Er bekommt noch am gleichen Tag den Auftrag.

Für Neuhardenberg, das Gut, das der allmächtige Staatskanzler nach den Freiheitskriegen geschenkt bekommt, baut *Schinkel* Schloss sowie Kirche um, und Lenné schafft eine ähnliche Sichtachse auf den Turmaufsatz wie später in Glienicke die Hauptgesichtslinie auf die Kuppel von *Schinkels* Potsdamer Nikolaikirche.

Einmal muss sich sogar der Architekt dem Gartengestalter unterordnen, sonst ist es ja meist umgekehrt. In den ersten Volksgarten, den Lenné in Magdeburg auf dem Gelände eines ehemaligen Benediktinerklosters anlegt, soll *Schinkel* ein Kasino, ein Gesellschaftshaus, setzen, das er nun ganz auf Lennés Gartenentwurf bezieht. *Schinkel* notiert sich Folgendes als Gedanken für sein Lehrbuch:

Die eigenthümliche Eigenschaft der Werke der Baukunst (ist), daß der Mensch sich in ihnen und um sie herum bewegen kann, daß also die Standpunkte für die Beschauung unendlich sind (…)

Das klingt einfach und selbstverständlich, dürfte jedoch eine Erkenntnis sein, die Architekten allzu leicht (und oft leichtfertig) übersehen oder missachten. *Schinkel,* hat man das Gefühl, nutzt Lenné mitunter als eine Art von zweitem Ich, das gleichsam die unendlich vielen Standpunkte für die Beschauung im Auge behält.

Ohne ein derartiges Zusammenspiel hätte ihr Meisterwerk nicht entstehen können: der Idealfall Charlottenhof, wie er bis heute immer wieder in Katalogen, Reiseführern und Kunstgeschichten genannt wird (*Rellstab* war der Erste, der ihn als solchen bezeichnete).

1825 ergibt sich für *Friedrich Wilhelm III.* die Möglichkeit, das Gut Charlottenhof zu erwerben, an die 120 Morgen, die im Süden an den Park von Sanssouci grenzen. Lenné ist es, der ihn schon fast zehn Jahren zuvor auf dieses Grundstück aufmerksam gemacht und der ihn auch wohl jetzt – über den Hofmarschall *von Maltzahn* – beraten hat. Denn der Schenkungsurkunde, die der König seinem ältesten Sohn, dem Kronprinzen *Friedrich Wilhelm,* überreicht, liegen zwei Pläne des vielseitigen Gartendirektors bei. Der eine sieht die landwirtschaftliche Nutzung des neuen Besitzes vor, der andere die Umwandlung in eine Gartenlandschaft. Der knapp 30-jährige Kronprinz kann wählen. Wie vorauszusehen – er ist ein schwärmerisch romantischen Vorstellungen unterworfener Ästhet – entscheidet er sich für die künstlerische Gestaltung. In den Jahren 1826 bis 1829 wird aus einem einfachen Gutshaus unter den Händen von *Schinkel* und Lenné das Schloss Charlottenhof.

Der Kronprinz *Friedrich Wilhelm* ist übrigens als Architekt, Zeichner und selbst Gartengestalter nicht unbegabt. Seine so gut wie einzige Freizeitbeschäftigung besteht im Entwurf architektonischer Anlagen, was ihm nicht zuletzt *Schinkel* und Lenné, beides glänzende Zeichner, beigebracht haben. So wiederholt sich, was schon beim Bau von Sanssouci der Fall war, als *Friedrich der Große* seinem Baumeister *Knobelsdorff* mitschöpferisch zur Seite stand.

Man sollte aber trotzdem die Beteiligung des späteren *Friedrich Wilhelm IV.* nicht überschätzen. Er pflegte seinen beiden Lehrmeistern alle Freiheit zu lassen. Diese wiederum waren so liberal, auch Ideen ihres Quasischülers zu berücksichtigen, bestand doch zwischen ihnen ein Vertrauensverhältnis, wie es selten ist zwischen Auftraggeber und ausführenden Künstlern.

Schinkel scheint bei seinem Entwurf des Schlosses auf eine Reiseskizze aus dem Jahre 1804 zurückgegriffen zu haben, die Ansicht der Villa del Principe Val Guarna nella Bagaria bei Palermo. Man hat aber auch andere Vorbilder nachzuweisen versucht, weshalb *Friedrich Mielke* warnt:

Es hieße den Erfindungsreichtum des Kronprinzen ebenso wie die schöpferischen Fähigkeiten Schinkels weit unterschätzen, wollte man bei ihren Entwürfen stets nach einer Vorlage Ausschau halten.

Es handelt sich im Übrigen um einen Umbau, bei dem die äußeren Maße, der Grundriss und manches andere vorgegeben ist. Der Umbau gelingt meisterlich, man sieht dem Prachtgebäude seine relative Enge nicht an. Die Zimmer im Obergeschoss gleichen eher Kammern, allerdings sehr gemütlichen. Es bleibt zwar Raum für Toiletten, aber keiner für auch nur ein einziges Bad (Glienicke enthält, zum Vergleich, sogar deren zwei). Viel Geld steht dem Kronprinzen ohnehin nicht zur Verfügung, auch Lenné muss das neue Gelände mit sparsamsten Mitteln in den Park Sanssouci einbinden und gleichzeitig alle Wege und Sichtschneisen so verlaufen lassen, dass sich, um nochmals *Schinkel* zu zitieren, optimale Standpunkte für eine Beschauung ergeben.

Das gelingt ihm ebenso gut wie seinem Kollegen der Umbau. Er verwandelt die völlig flache Ebene des Geländes fast unmerklich in eine sanfte Wellung. Dabei schüttet er nur zwei hügelartige Dünungen auf – die eine nicht ganz zwei, die andere nur einen einzigen Meter hoch –, aber sie geben dem Land Kontur. Ein breiter Verbindungsweg stellt die Beziehung zu Sanssouci her. Zwischen den beiden Hauptwegen erstreckt sich, sparsam bepflanzt mit nur wenigen herausgehobenen Baumgruppen, ein Landschaftsgarten, durch den sich verborgene – Fachausdruck: eingebuschte – Wege hinziehen, hinschlängeln, die aber auch ab und zu überraschend gradlinig verlaufen.

Genial ist die Ost-West-Achse, die er quer durch die gesamte Anlage zieht. Sie nimmt auch das Maschinenhaus gleich mit hinzu, deren Dampfmaschine von drei PS die Wasserkünste auf der Terrasse und im Vestibül betreibt. *Friedrich Wilhelm* hätte die Druckmaschine gern von einem Pferd oder einem Esel oder sonst einem Vierbeiner angetrieben gesehen, aber Lenné besteht auf Dampf. Im Hinterkopf hat er den Gedanken, auch die große Fontäne von Sanssouci endlich mit Dampfkraft zu wirklich pompöser Wirkung bringen zu können (was ihm auch gelingen wird).

Es ist wieder *Schinkel* der den Kronprinzen versöhnt, indem er, schlau und sogar gerissen wie er sein konnte, das Gebäude an einem künstlichen See neben einem kleinen Hügel verbirgt und den Schornstein in der Form eines großen Candelabers hält, der zusätzlich die Landschaft verziert.

Dafür fügt Lenné dem schönen, jedoch kärglichen Schloss seines Freundes eine besondere Note dadurch bei, dass er es von allen Himmelsrichtungen aus anders erscheinen lässt. Durch einen Zaubertrick der Gartenkunst führt der Weg auf die Westfassade unter dichten Baumkronen entlang, deren Schatten das Schloss ernst und verschlossen, wenn auch nicht düster aussehen lassen. Die Ostansicht wirkt dagegen frei, offen und heiter – mit bunt gestalteten Blumenbeeten. An der Pumpstation entwickelt er dazu einen architektonisch gegliederten Rosengarten – alles ganz gewiss mit *Schinkel* lange durchdiskutiert. Auch drei Blickbeziehungen werden von Lenné wie beiläufig hergestellt: zum Neuen Palais, zum Rehgarten und nach Sanssouci. Die Sichtachsen sind derart raffiniert gezogen und von Bäumen eingerahmt, dass die Entfernung viel weiter scheint, als sie in Wirklichkeit ist.

In der Anlage Charlottenhofs verbindet sich italienische Heiterkeit mit jener Kontemplation, die man englischen Gärten nachsagt: Sie verleiten durch dauernden landschaftlichen Wechsel dazu, sich Gedanken zu machen, wie alle Kunstwerke anregen wollen und sollen.

Den Plan hat wiederum Lennés Schüler *Gerhard Koeber,* dem wir schon auf der Pfaueninsel begegnet sind, mit äußerster Akribie gezeichnet. Er nennt sich: »Plan von Charlottenhof oder Siam«.

Kronprinz *Friedrich Wilhelm* nennt seine neue Besitzung nie Charlottenhof, sondern immer nur Siam. Eine merkwürdige Bezeichnung für einen Landstrich mitten in Preußen. Aber Siam gilt damals als Land der Freien, eher ein Symbol als eine geographisch genau festzulegende Gegend. Von seinem Erzieher *Friedrich Delbrück* ist der Kronprinz ganz in die Gedankenwelt

Rousseaus gezogen worden, die eine ideale Welt traumhaft in die Antipoden verlagert, wo die Wilden, die Europens übertünchte Höflichkeit nicht kennen, die besseren und freieren Menschen sind. In *Friedrich Wilhelms* Vorstellung verbindet sich diese Utopie mit romantischen Ritteridealen aus dem Mittelalter. 1817 hat er einen Briefroman verfasst, »Die Königin von Borneo«, in dem sich christlicher Mystifizismus mit schwüler Exotik mischt.

Das klingt alles sehr exaltiert, ist es auch, aber doch wohl (noch) nicht krankhaft. Derartig schwärmerische Vorstellungen liegen gleichsam in der Luft, und sie werden durch die Literatur und den Briefstil der Zeit reichlich genährt. In Charlottenhof erblickt *Friedrich Wilhelm* sogleich Gefilde, die für neue, freiere, aufgeklärtere Menschen geschaffen werden und diese gleichzeitig symbolisieren. Träumt er doch auch von einer Brüderschaft im stillen Waldtal und eben von Siam, dem Land friedlichen Nebeneinanders. Seine Gedanken kreisen dauernd darum. Tag und Nacht zeichnet er *Schinkels* Entwurf, den *Persius* gewissenhaft ausführt, neu, variiert und kommentiert ihn gleichsam nachträglich, fügt Treppen, eine Pergola, eine allegorische Baumgruppe hinzu oder erblickt ihn aus der Vogelschau wie eine Vision jener Ordensburg Sankt Georgen im See, die er sich – halb Drachenfels, halb Marienburg – gleichfalls erfabuliert hat.

Es ist ein hoch begabter, aber ungemein gefährdeter junger Mann, auf den der preußische Königsthron wartet. In seiner Jugend das schwer erziehbare Sorgenkind seiner Mutter, der *Königin Luise,* voller erhabener, wenngleich reichlich krauser Gedankengänge, belasten ihn zusätzlich die Hoffnungen, die, wie er weiß, das preußische Volk auf ihn setzt. Sein Vater, ein rechtschaffener, aber im Alter starr gewordener, zudem entschlussschwacher Mann, alles andere als ein Phantast, hat vor dem Zeitgeist resigniert. Die unter ihm begonnenen Reformen sind nur halbherzig ausgeführt worden und dann stecken geblieben. Vor einer Verfassung, wie er sie selbst versprochen hat, ist er immer wieder zurückgeschreckt. Dafür, dass Preußen mit dem gesamten Europa im Sumpf der Restauration versinkt, kann er nichts. Das Leben hat ihn, den überzeugten Pazifisten, der gezwungen wurde, zweimal Krieg zu führen, enttäuscht. Was bleibt: Man muss arbeitsam sein, fromm und darf höchstens, was er Abend für Abend tut, ins Theater gehen, ehe man sich in sein karges Feldbett legt und mit Rosshaardecken zudeckt.

Von einem Kronprinzen, der sich ein Siam baut, erwartet man anderes. Die Preußen mögen sich im Verlaufe der Geschichte ihres Staates mit vielem abgefunden haben, auch mit der Hierarchie der Beamten, die für straffe Zucht und Ordnung sorgen soll, und dem Untertanengeist, der die Kehrseite der Medaille darstellt. Aber gern haben sie es dann doch wohl nicht getan und erwarten vom vierten *Friedrich Wilhelm* nun Wunderdinge, vor allem mehr persönliche Freiheit.

Er wird sie enttäuschen. Auch die Träume des Kronprinzen haben eine Kehrseite. Fühlt sein Vater sich tatsächlich, mehr noch als *Friedrich der Große,* als erster Diener seines Staates oder bestenfalls als ein menschenfreundlicher Gutsbesitzer mit viel Gesinde, so verstrickt sich der Sohn in ein überzeugtes Gottesgnadentum. Er fühlt sich wie ein Erwählter. Als solcher plant er mit

Die Römischen Bäder von Schloss Charlottenhof

seinen beamteten Poeten *Schinkel* und Lenné zunächst einmal die ideale Landschaft.

Mit dem auf bescheidene Weise großartigen Gärtnerhaus und dem graziösen Gebäudekomplex der so genannten Römischen Bäder schließt *Schinkel* das preußische Arkadien ab. Zusammen mit dem an den Mittelmeerraum erinnernden Formenspiel seiner Architektur vermitteln die Gärten und die von Lenné mit Rankenbewuchs versehenen Laubengänge die vollkommene Illusion einer Italianità. Und mehr als das: Die Schönheit und Klarheit wird zu einem erkennbaren Symbol. Denn der Gegensatz zwischen dem herrschaftlichen Schloss und dem idyllisch-ländlichen Ensemble wird deutlich hervorgekehrt, sowohl vom Architekten als auch vom Gartengestalter – und sicher ganz nach dem Willen des Kronprinzen. Palast und Hütte stehen friedlich und, was mehr ist, gleichberechtigt nebeneinander. Es gibt auf der ganzen Welt kaum einen Landschaftspark, in dem diese Idealvorstellung derart unmissverständlich Gestalt gewonnen hätte. Die Auswahl, würde sie einem gegeben, fiele schwer. Der Gärtner in den Römischen Bädern ist nicht weniger zu beneiden als der Herr im Schloss, lässt dieses Gesamtkunstwerk wissen. *Heinz Schönemann* schreibt im Katalog zur Ost-Berliner *Schinkel*-Ausstellung zu dessen 200. Geburtstag:

Des Kronprinzen »Siam«-Träume haben durch die schöpferische Kraft von Schinkel und Lenné eine Wandlung erfahren. Das aus Elementen von Landschaftsgestaltung, Raumordnung, Architektur und Gartenkunst sowie durch deren visuelle und funktionelle Kommunikation geschaffene System erscheint wie ein Vorschlag für harmonisches Miteinander der Glieder der Gesellschaft in einer sich verändernden Welt.

Der alte und der junge König

Die Welt mag sich ständig verändern, die Menschen bleiben immer die gleichen. Selbst arkadische Ideen verhindern nicht Zank, Konkurrenzdenken und Streit. Auch kann keiner immer nur Erfolge haben.

Ihren großen Misserfolg erleben sowohl *Schinkel* als auch Lenné nicht weit von ihrem Charlottenhofer Triumph, in Sichtweite sogar. Merkwürdigerweise ist dies bei *Schinkel* der Fall, weil er den Auftrag zum Bauen erhält, und bei Lenné, weil er ihm entzogen wird. Dabei hat er das Ganze überhaupt erst angeregt.

Am 3. August 1828 begeht die Familie des alten Königs *Friedrich Wilhelm III.* dessen Geburtstag zu Gast bei *Prinz Karl* auf Glienicke. Zum Mahl geladen sind nicht nur die nächsten Verwandten, sondern auch enge Mitarbeiter, wie bei *Friedrich Wilhelm* üblich sogar solche bürgerlicher Herkunft, woran sich die Adligen seit *Königin Luises* Wirken haben gewöhnen müssen.

Da die Gelegenheit günstig, der König ausnahmsweise heiter und gut gelaunt scheint, spricht *Prinz Wilhelm,* sein zweiter Sohn, einen Wunsch aus. Der ältere Bruder baut eben am jenseitigen Ufer sein Siam. Nun wünscht er, *Wilhelm,* sich eine ähnliche Besitzung, umso mehr als er demnächst in den heiligen Stand der Ehe zu treten hofft.

Das Gespräch hat Lenné belauscht. Er zeigt durchs Glienicker Fenster auf die Höhenzüge des gegenüberliegenden Babelsberges. Im »Inventar der Bau- und Kunstdenkmäler in der Provinz Brandenburg«, das 1885 in Berlin erschien, heißt es:

Der Prinz äußerte anfänglich seine Bedenken gegen diese san-digen Bergabhänge, entschloß sich aber, als er nach einigen Tagen mit Lenné den Babelsberg umritten hatte, von der schö-nen Aussicht begeistert, zum Ankauf dieses Berges und beauf-tragte schon im folgenden Jahre Schinkel mit der Herstellung eines Plans zu einem Schlosse im englisch-gotischen Stil.

Vier Jahre später kann *Wilhelm* einen angrenzenden Forstgrund in Erbpacht nehmen und später drei wei-tere Grundstücke hinzuerwerben, damit zum englisch-gotischen Schloss auch ein englischer Landschaftsgarten treten kann. Lennés ständiger Plan, aus dieser Gegend eine Insel Potsdam zu machen, gewinnt weiter an Ge-stalt.

Mit dem Garten hat er ebenso Pech wie *Schinkel* mit seinem Schlossbau. Letzterem ist selten in seinem Le-ben etwas derart missglückt; er hat das Gebäude nicht einmal in das Verzeichnis seiner Werke aufgenommen. Zunächst einmal ärgerten ihn ständige Änderungswün-sche von seiten *Wilhelms,* später dass dieser – oder viel-mehr seine Gemahlin *Augusta* – das Bauwerk durch ständige Anbauten, ausgeführt unter anderem auch von seinen Schülern *Persius* und *Strack,* verunzierte.

Lenné war noch übler dran. Er musste die Gartenan-lagen zeichnen, ehe sich *Wilhelm* und *Schinkel* über Form und Ausmaß des Schlosses einigen konnten. Zudem gehörte das neue Gelände nicht zur Gartendirektion; es musste also alles von *Prinz Wilhelm* privat bezahlt werden. So war äußerste Sparsamkeit ein Gebot, was Lenné freilich nie gestört hat. Es gab aber auch differierende Ansichten. »Auf dem Babel sind Wege und Pflanzungen im Fortschreiten«, teilt *Prinz Wilhelm* am 14. November 1833 seiner *Augusta* brieflich mit und fügt nörgelnd hinzu: »doch scheint mir Lenné zuviel Bosquets auf dem Bottom green anlegen zu wollen.« Bosquets, Blumenbeete, kosten Geld und scheinen dem darin nicht allzu flüssigen Prinzen auf einem Bowling Green, denn den meint er, auch noch fehl am Platze.

Weiteres Pech für den glücksgewohnten Lenné: Die folgenden Sommer sind heiß, eine Berieselungsanlage ist nicht vorhanden, und Gärtner, die sozusagen per Hand gießen, kosten wiederum Geld. Einige der bereits gepflanzten Bosquets vertrocknen, aber auch mehrere Gehölzgruppen gehen ein, was den verärgerten *Prinzen Wilhelm* jedesmal teuer zu stehen kommt.

Bei den Vorbereitungen zum zweiten Bauabschnitt, für den *Persius* neue Pläne ausgearbeitet hat, kommt es zum Eklat. *Pückler* hat unter dem Datum vom 7. März 1843 eine Denkschrift eingereicht, die Lennés bisherige Arbeit an Babelsberg kräftig kritisiert. Er darf sich zwar zu dieser Kritik äußern, aber die verdorrten Pflanzungen sprechen gegen ihn. Die weitere Betreuung des Parkes wird dem *Fürsten Pückler* übergeben, der sich, vielleicht nicht ganz fair, damit für das ihm entgangene Klein-Glienicke revanchiert hat.

Man muss hinzufügen, dass er, zum Teil mit Lennés Wegeführung, einen vorbildlichen Landschaftsgarten mit imposant gestalteten Aussichtspunkten anlegt. Hinter der ganzen Intrige, falls es eine solche war, steht jedoch wohl die äußerst schwierige *Augusta,* die *Schinkel* zu dessen Verzweiflung in jedes Detail beim Schlossbau hineingeredet hat. *Fürst Pückler,* ein Homme à femme par excellence, kommt glänzend mit ihr aus, nennt sie liebenswürdig und schwärmt von ihr in seinen Briefen derart, dass seine – freilich pro forma von ihm geschiedene – Gattin *Lucie* daheim in Muskau ganz eifersüchtig wird. Wahrscheinlich zu Recht, denn der Fürst soll mehr Liebesabenteuer gehabt haben als *Casanova.* Es imponiert *Augusta* vor allem, dass der Hochgestellte, wenn es ans Abstecken oder Einpflanzen von Bäumen geht, selbst in grüner Gärtnerschürze mit anpackt. Dass er sie zeitweilig auch durch den mitgeführten zahmen Kranich erheitert, der um ihn herumtanzt, ist ebenfalls durch zeitgenössische Briefe verbürgt. Zur Eifersucht hätte wahrscheinlich nicht nur *Lucie,* sondern auch *Wilhelm* einigen Anlass gehabt. Wer mehr über den tollen *Pückler* erfahren will, lese die von mir verfasste Biographie »Fürst Hermann Pückler«.

Es passt jedoch, dass der stockkonservative *Prinz Karl* letztlich Lenné, der merkwürdig zwischen Liberalität und Konservatismus schwankende *Prinz Wilhelm* dagegen den freisinnig-liberalen *Fürsten Pückler* vorzieht. Der Fürst macht übrigens keinerlei Kompromisse, was *Augusta* während seiner Abwesenheit hat ändern lassen, wird wieder korrigiert, und er versteht es offensichtlich sogar, *Wilhelm* die erforderlichen Mittel abzuringen. Es werde alles sehr hübsch, berichtet er *Lucie* nach Muskau, »denn es wird kein Geld geschont, und ich habe plein pouvoir (freie Hand)«.

Was das betrifft, mehr oder weniger freie Hand wird auch Lenné bald zugesprochen. Der alte König stirbt an einem Pfingstsonntag so ruhig, wie er in den Jahren seit dem Tod der *Luise* gelebt hat. Er stiehlt sich aus dem Leben – der Arzt muss die um sein Krankenlager versammelte Familie erst darüber aufklären, dass *Friedrich Wilhelm III.* seine letzten Atemzüge getan hat. Am 8. Juni 1840 besteigt *Friedrich Wilhelm IV.* den Thron, wovon der abgearbeitete *Schinkel* nicht mehr profitiert. Im September desselben Jahres erleidet er einen Schlaganfall und sinkt in ein tiefes Koma, aus dem er nicht wieder erwacht, auch wenn er erst über ein Jahr später, im Oktober 1841, ähnlich glatt und ruhig wie vorher *Friedrich Wilhelm III.* hinüberdämmert.

Umso höher steigt Lenné, der zweite Lehrer und Geistesgenosse des neuen Königs. Eine der ersten Amtshandlungen *Friedrich Wilhelms IV.* besteht in der Ordre an den damaligen Hofbauinspektor *Persius,* endlich die von Lenné so lange geforderten Leitungen für die Fontänen im Park von Sanssouci in Angriff zu nehmen. Im Oktober 1842 kann die Hauptfontäne unterhalb des Schlosses in Gang gesetzt werden. Sie sprüht ihren Strahl 126 Fuß in die Höhe, das sind 39,5 Meter. Was übrigens seinen Bruder, Prinz – jetzt sogar Kronprinz – *Wilhelm*, dazu veranlasst, von *Persius* auch in Babelsberg eine Fontäne errichten zu lassen, die sogar die Höhe von 130 Fuß (40,8 Meter) schafft.

Friedrich Wilhelm IV. befindet sich nach anfänglicher Popularität auf dem Weg, das wohl meistgeschmähte Staatsoberhaupt zu werden, das Preußen je besessen hat. Alle Welt macht sich wenig später über ihn und seine klägliche Rolle während der 1848er Revolution in unzähligen Karikaturen lustig. Als seine Geisteskrankheit ausbricht, ist er ein früh ausgebrannter Mann.

Große Fontäne im Park Sanssouci

In einer Lenné-Biographie darf er jedoch so auftreten, wie er vermutlich gern in die Geschichte eingegangen wäre, als gnädiger Souverän, Schirmherr alles

Schönen, Edlen, Guten, kurzum als Romantiker auf dem Königsthron. Lenné erhält in Zukunft alle erdenkliche Förderung; einen direkteren Draht zum Monarchen hat selten ein Künstler in Preußen besessen. »Kreuzschock Schwerenoth! Ich genehmige alles, die Cabinets Ordre wird sogleich unterzeichnet«, lautet, wie *Persius* in seinem Tagebuch schreibt, der bezeichnende Ausruf des Königs, als er und Lenné, der mit ihm bald zusammenarbeitet wie vorher mit *Schinkel,* neue Projekte vorlegen. Wer sich beim König lieb Kind machen will, tut dies am besten, indem er Lenné (und damit den König selbst) lobt.

Varnhagen von Ense, Pücklers Freund, der den Gartendirektor in diesen Tagen trifft, fragt ihn, was er so mache. Lenné antwortet: »Projekte, nichts als Projekte, jeden Tag ein neues, der König ist unerschöpflich, eins jagt das andere.« Er findet sich bald derart eingespannt, dass vieles Geplante liegen bleibt, da, wie es in einem entschuldigenden Brief heißt, »die mir gegenwärtig vorliegenden Allerhöchsten Aufträge alle meine Zeit und Kräfte in Anspruch nehmen«.

Er muss schon bald sein Haupttätigkeitsfeld nach Berlin verlegen, wo ihm ja *Persius* 1838 ein Haus gebaut hat, denn der König wünscht, wann immer eine Kommission bestellt, ein Gutachten ausgearbeitet, ein Straßenzug gebaut werden soll, die Beteiligung Lennés. Er vertraut keinem mehr als ihm, ernennt ihn dann auch folgerichtig schon 1845 zum Generaldirektor aller königlichen Gärten und bringt mit diesem damals noch selten vergebenen Titel zum Ausdruck, dass auf diesem Gebiet keiner mehr über Lenné steht in seinen Landen. Im Revolutionsjahr 1848 lässt der dankbare König eine Büste Lennés von *Christian Daniel Rauch* im Hopfengartengelände von Sanssouci aufstellen wie später auch in den Koblenzer Rheinanlagen und in den Kurgärten von Bad Homburg und Aachen. Der Generalgartendirektor wird zum mächtigen Mann. Beim König ist er häufiger als die meisten Minister, oft mit *Persius,* der aber schon 1845 überraschend stirbt und für den Lenné keinen ebenbürtigen Nachfolger mehr findet. *Friedrich Wilhelm IV.* sagt kurz nach seiner Thronbesteigung zu seinem Gartendirektor:

Der Herzog von Dessau hat aus seinem Land einen (…) Garten gemacht. (…) Dazu ist mein Land zu groß. Aber aus der Umgebung von Berlin und Potsdam könnte ich nach und nach einen Garten machen; ich kann vielleicht noch zwanzig Jahre leben, in einem solchen Zeitraum kann man schon etwas vor sich bringen. Entwerfen Sie mir einen Plan!

Das geschieht 1842, doch scheint er nicht erhalten. Immerhin kann Lenné letzte Hand an die »Insel Potsdam« legen, ohne dass sich Widerstände ergeben. Denn der König interessiert sich für Bauen mehr als für die Politik, und dem Landschaftsgarten gilt nach wie vor sein spezielles Interesse. Es ist gar nicht einmal so unklug, dass er einen Gartenpoeten sogar hinzuziehen lässt, wenn es um das Ziehen einer Bahnlinie oder eines Straßenzuges in Berlin geht. Stets gelingt es Lenné, denn kein anderer wird delegiert, mehr Grün in den Entwurf zu bringen und die schlimmsten Eingriffe in das Vorhandene zu verhindern.

Aber auch sonst ist Lenné immer gefragt: Auf dem Ravensberg hat man 1815 eine Quelle entdeckt, und jemand hat mittels eines Stockdegens, der romantischerweise aus England stammte, eine Schlange erschlagen. Die Quelle muss eingefasst, ein Weg dorthin angelegt werden. Her mit Lenné! Da gibt es noch zwei Quellen, zu Lindstedt und Templin. Der Oberpräsident der Provinz Brandenburg will ein kleines Eichenwäldchen mit einer Bahnlinie durchschneiden? Das gestattet Seine Majestät nicht, wende er sich an wen er will, aber ziehe er auf jeden Fall Lenné hinzu! Das nimmt viel Zeit in Anspruch, kommt aber Lennés Neigung zur Detailarbeit entgegen.

Und auch gegen des Königs nahezu pausenlose Einfälle, Bauten und Gärten betreffend, hat er wenig einzuwenden. *Friedrich Wilhelm* ist einsichtig genug, sie in einer Mappe mit der Aufschrift Luftschlösser zu verwahren. Luftschlösser sind allerdings Lennés Sache nicht. Der Gartengeneraldirektor und Landschaftspoet behält stets seine beiden Beine fest auf der Erde, aus der seine Werke wachsen.

Der Luftschlösser-König ernennt dann auch folgerichtig 1847 seinen Gartengestalter zum Mitglied des königlichen Landesökonomie-Collegiums, das das Ministerium in technischen und wirtschaftlichen Fragen berät. Er ist auch hier der natürliche Nachfolger *Schinkels.*

Der Tiergarten

Zu seinem Glück ist der viel beschäftigte Generaldirektor Lenné Frühaufsteher, wie wohl alle, die den Gärtnerberuf erlernt haben. Seine Majestät beginnen den Tag früh. Meist steht schon für halb acht am Morgen die erste Besichtigung eines Bauplatzes an, und fast immer wird im Protokoll als zumindest eine der Begleitpersonen Lenné genannt.

Die für weitere Pläne notwendige Arbeit am Zeichentisch leistet derweil sein Meisterschüler *Gustav Meyer,* der ab 1840 als seine linke und zunehmend auch als seine rechte Hand fungiert. *Meyer* wird 1870 erster Gartendirektor der Stadt Berlin werden und Lennés Werk nicht nur fortsetzen, sondern es auch in einer theoretischen Schrift festhalten, die 1860 erscheint, das »Lehrbuch der Schönen Gartenkunst« (Untertitel: »Mit besonderer Rücksicht auf die praktische Ausführung von Gärten, Parkanlagen u.s.w.«). In seiner Bedeutung als Quellenwerk nur den Büchern *Reptons* oder *Pücklers* an die Seite zu stellen, überliefert es, was der nimmermüde Lenné uns nun doch vorenthalten hat, die Quintessenz seiner Erfahrung.

Die Schrift reicht näher an die Gegenwart heran als die Aufzeichnungen *Reptons* und *Pücklers,* die sich auf weitläufige landschaftliche Gärten abseits der großen Städte konzentriert haben. Obwohl auch Lenné noch große Aufgaben bekommt, sind diese doch im Laufe seines Lebens zusammengeschrumpft. Riesenaufgaben wie Wörlitz oder auch Glienicke ergeben sich nach 1840 kaum noch. Dafür gilt es nun, Grün in die wachsenden Städte, vor allem das geradezu abenteuerlich wachsende Berlin zu integrieren.

Es hat sich dadurch – wenn auch wohl nicht nur dadurch – Lennés Stil allmählich gewandelt. Wie die Architektur zunehmend einem Historismus verfällt, der frühere Stilformen – und nicht nur solche aus Gotik und Antike – wie einen großen Steinbruch nutzt, der beliebig zur Verfügung steht, nutzten Lenné und mit ihm sein Schüler *Meyer* ebenfalls bald formale Elemente vorhergegangener Epochen, etwa der italienischen Renaissance oder des französischen Barockgartens.

Das hat sich bereits an den Blumenrabatten gezeigt, mit denen er *Schinkels* Schloss Charlottenhof umgeben ließ, und an der nahen Arena des Hippodroms, der Reitbahn, die durch eine fünffache Baumreihe entstanden ist, eine späte Übernahme der Ideen *Durands* aus Lennés französischer Lehrzeit. Auch im schon erwähnten Marlygarten hinter der Friedenskirche und im hübschen blauweißen Paradiesgärtlein für *Elisabeth von Bayern,* der Gemahlin *Friedrich Wilhelms IV.,* lassen sich derartige historische Elemente ablesen, mehr noch an der Neugestaltung der Weinbergterrassen am Mühlenberg und endlich den beiden Terrassengärten an der Orangerie, Nordischer und Sizilianischer Garten genannt, die in ihrer Anlage an die Farnesischen Gärten auf dem römischen Palatin erinnern.

Charlottenhofs Römische Bäder selbst sind ein weiteres Beispiel: Kleine Separatgärten im geometrischen Stil scheinen zwischen der Architektur und dem englischen Landschaftsgarten vermitteln zu wollen, eine Mischform entsteht, die sich dann vor allem bei der Gestaltung der oft winzigen Park- und Gartenflächen in den Städten und ihren Volksparks auswirkt. *Meyer* hat an dieser Mischform ebenso Anteil wie sein Lehrer Lenné, weshalb man auch oft von einer Lenné-Meyerschen Gartenschule gesprochen hat. Sie belässt es bei der durch Kunst veredelten Natürlichkeit der englischen Vorbilder, heftet diesen jedoch bunt gefasste Blumengärten wie Broschen oder Juwelen ans Gewand.

In Zukunft wird Lenné dort, wo er barocke Wegverläufe vorfindet – wie im Sizilianischen Garten in Potsdam –, diese erhalten. Er hat schon in seinem Englandbericht darüber geklagt, dass manche englischen Landschaftsgestalter allzu leichtfertig alles zerstörten, was sie vorfanden. Der radikale Baumzerstörer, als der er in seiner Jugend galt, macht einem sorgsamen Konservator Platz. Es steht dahin, ob der Herr Gartengeneraldirektor noch mit einem Bleistiftstrich eine Allee in einen Schlängelpfad verändern würde, wie es der angehende Gartengeselle in Glienicke einst getan hat.

Die Wende in der Gartenkunst wird von den meisten Kunsthistorikern durch den Tod *Friedrich Wilhelms IV.* 1860 und, sechs Jahre später, den Lennés markiert. Das mag sogar richtig sein, mit ihnen endet, wie *Klaus von Krosigk* es ausdrückt, »eine romantische, von ganzheitlichen Visionen getragene, sehr persönlich geprägte Epoche«. Er verweist auch auf *Adrian von Buttlars* Interpretation:

Die utopischen Kräfte der Gartenrevolution des 18. Jahrhunderts wurden hier in eine romantische Realitätsfiktion

überführt, die ein märchenhaftes neues Goldenes Zeitalter zu
verkünden scheint.

Aber das kündigt sich spätestens in der so genannten
dritten Schaffensphase Lennés doch schon an. Der
krasse Feudalismus, den die auf die Befreiungskriege
folgende Restauration noch einmal künstlich gestützt
und unterstützt hat, neigt sich seinem Ende zu. Das
Problem ist nicht mehr, die Natur für ein paar Hochgestellte durch Kunst zu veredeln, sondern eng besiedel-
ten Städten so etwas wie grüne Lungen zu geben. Das
Industriezeitalter ist endgültig angebrochen.

Lenné war stets ein weitsichtiger Mann, ohne dass
er seine Prophezeiungen lauthals hinaustrompetet hätte.
Es ist seine Arbeit, die ihn als solchen ausweist. Ohne
Wissen oder doch zumindest die Ahnung von der Notwendigkeit eines wahren Volksgartens dürfte weder
der schon 1824 in Angriff genommene Friedrich-Wil-
helm-Garten in Magdeburg entstanden, noch der Berliner Tiergarten in tatsächlich lebenslanger Bemühung
in einen Volkspark verwandelt worden sein.

Der Magdeburger Auftrag erreichte Lenné, als er
eben an den Arbeiten von Charlottenhof war und er
sich mitten in einer intensiven Diskussion mit *Schinkel*
und dem damaligen Kronprinzen über Siam befand.
Trotzdem muss ihn die ganz andersartige Aufgabe ge-
reizt haben, nun etwas anzulegen, »in dem sich jeder
nach vollbrachtem Tagewerk ergehen und erholen
kann, dessen Geschäftsverhältnisse es nicht gestatten,
entfernte Orte aufzusuchen«, wie Bürgermeister *Fran-
cke* es ausdrückt. Lenné, seinen eigenen Worten zufolge überzeugt davon, »welch einen mächtigen Ein-

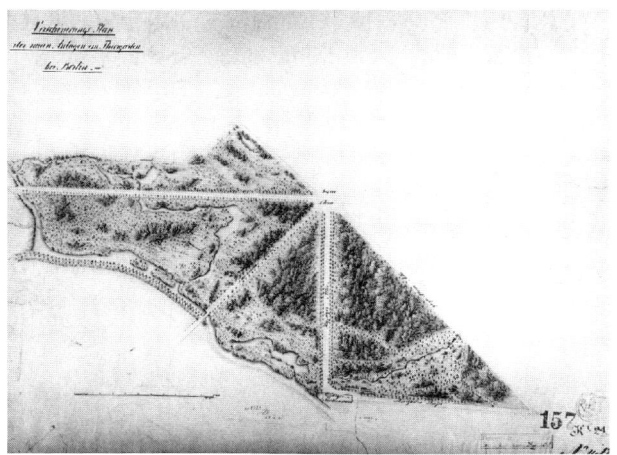

Tiergarten, Verschönerungsplan 1835, Abschnitte 1–4

fluß die Verschönerung der Natur auf den Menschen, auf sein Gemüt und auf die Ausbildung seines Geschmackes übt«, greift sofort zu. Er schickt alsbald einen Plan, den er gegen seine Gewohnheit selbst gezeichnet hat und der mit ergänzendem Text dann auch gleich in der nächsten Ausgabe der Druckschrift des Vereins zur Beförderung des Gartenbaus veröffentlicht wird.

Der Berliner Tiergarten bleibt dagegen sein Sorgenkind, beinahe bis zuletzt. Schon der Name weist darauf hin, dass es sich früher um einen waldartigen Forst handelte, der von den Landesherren zur Jagd auf dort gezüchtete Hirsche, Rehe, Wildschweine, Hasen und Fasanen genutzt wurde. Doch *Friedrich der Große,* derartigem Vergnügen mehr als abhold, öffnete ihn bereits als Promenade für die Bevölkerung seiner Hauptstadt. Labyrinthe, Alleen, ein Venusbassin sowie ein Rundweg mit Statuen, der Poetensteig, standen den Spaziergängern zur Verfügung. Bald zeigte sich auch ein gewisser Einfluss des englischen Landschaftsgartens – durch eine Rousseauinsel, die 1792, und die Luiseninsel, die 1809 in einem der zahlreichen Wasserläufe angelegt wurden. Lenné schien das zu wild, zu sumpfig, zu dunkel, um als Bürgerpark dienen zu können; er schreibt:

Das Innere des Waldes liegt (…) ungenutzt da, nur hin und wieder irrt ein Einsamer auf den schmalen Pfaden umher (…) Keine sonnigen Gänge und wenig lichte Plätze, die doch in unseren Frühlings- und Herbst-Tagen so großes Bedürfnis sind. Die wenigen breiten Wege, auf denen man noch etwas von freier Luft wie Sonnenschein erhaschen kann, werden wiederum an schönen und festlichen Tagen in anderen Beziehungen durch die hier zusammengedrängten Volksmassen ungenießbar (…) Den Hauptgegenstand der neuen Anlagen bieten die großen Wasserzüge dar. Vor allem muß der Park gesund sein, daß er benutzt und genossen werden kann.

1818 macht er die ersten Vorschläge, kann aber erst 1833 damit beginnen, die Sümpfe trockenzulegen, die Wasserläufe malerisch zu verbreitern (was die Entwässerung unterstützt), alles in sieben Stufen, die er dem sparsamen *Friedrich Wilhelm III.* dazu scheibchenweise vorlegt. Einmal muss Freund *Schinkel* Schützenhilfe leisten, indem er kess einen eigenen – noch kostspieligeren – Tiergarten-Plan einreicht, dem der König dann also grollend denjenigen Lennés vorziehen muss,

ganz gewiss ein zwischen den beiden Künstlern abge-
kartetes Spiel.

Das ändert sich schlagartig mit der Thronbesteigung
Friedrich Wilhelms IV. Noch im selben Jahr, 1840, zeichnet der uns inzwischen wohl bekannte *Gerhard Koeber,*
der übrigens bald darauf zum Tiergarten-Inspektor ernannt wird, einen neuen Plan, der das Erreichte festhält und, natürlich, gebührend ausweitet. Erst jetzt be-
seitigt Lenné endgültig Sumpf und Wildnis, legt einen
künstlichen See, den Neuen See, an, schafft Lichtungen
mit Rasenplätzen zum Lagern, überzieht das Ganze mit
einem wohl geordneten, doch nicht allzu durchsichti-
gen Wegesystem und vergisst auch nicht, getreu dem
von ihm im Alter bevorzugten Mischstil, eine streng
symmetrische Anlage für die, die so etwas vorziehen.

Viel Freude würde Lenné jedoch heute an dem Werk,
an dem er bald 50 Jahre lang gearbeitet und gelitten
hat, nicht haben. Schon *Wilhelm II.* hat es mit patriotischen Denkmälern (Puppenallee) übersät. *Hitler* hat die
Charlottenburger Allee abholzen und ungebührlich
zur Ost-West-Achse verbreitern lassen. Der Zweite Weltkrieg tat ein Übriges. Was er nicht zerstörte, nutzten die
frierenden und hungernden Berliner als Brennholz und
danach das so gut wie nackte Gelände als Kartoffel-
und Kohlrübenacker.

Die Wiederherstellung des Parks zwischen 1949 und
1959 schuf einen so gut wie neuen Garten – mit be-
sonnten Wiesenflächen, größer als Lenné sie vorgesehen hatte; der beschönigende Hinweis, der sich in den
meisten Reiseführern findet, Lenné hätte es gewiss
auch getan, wenn er nur nicht so viele alte Bäume vor-
gefunden hätte, scheint jedoch mehr als zweifelhaft.

Auf die historischen Strukturen dieses ältesten Berliner Landschaftsparks wurde kaum Rücksicht genommen. Erst in jüngster Zeit, seit 1984, versucht man, wenigstens da und dort in Teilstücken wieder ein bisschen von Lenné durchscheinen zu lassen.

Eng zu dessen Planungen für den Tiergarten gehört die Umwandlung des alten Schafsgrabens in den Landwehrkanal. Man sieht: Der Gartenkünstler wird fast übergangslos zum Stadtplaner, das eine ergibt sich aus dem anderen. Freilich erhöht dieses praktische Projekt noch die Tiergarten-Schwierigkeiten. Lennés Idee eines Kanals für alle diejenigen Schiffe, die Berlin nicht berühren, die die Stadt nur passieren wollen, hat viel für sich. Ist doch die Spree – mit nur einer einzigen Schleuse – ständig überlastet; man rechnet mit jährlich rund 44 000 Schiffen. *Friedrich Wilhelm,* Feuer und Flamme, gibt auch seine Genehmigung und sieht den Kanal bereits mit großartigen Boulevardanlagen geschmückt. In dem an *Schinkels* Bauakademie ausgebildeten Landbaumeister *Johann Jacob Helfft* findet sich ein fähiger Ingenieur, dem Lenné die Hauptarbeit delegieren kann (*Helfft* also ist der eigentliche Buddelpeter).

Ein schwerwiegender Hinderungsgrund ist, dass König *Friedrich Wilhelm* in alles hineinredet, sogar in die Gestaltung der Schleusen. Lenné berichtet am 22. März 1843:

Sr. Majestät der König, hatte hierauf die Gnade, die hierbei liegende Bleistiftzeichnung, welche ich mir ergebenst zurückerbitte, Eigenhändig, als Andeutung wie Allerhöchstdieselben Sich die Brücke und Einfahrten in den Schiffs-Kanal gedacht haben, zu entwerfen.

Aber auch der Wasserstand erweist sich als sehr viel zu niedrig. Lenné hat die Ingenieure, auch *Helfft,* zwar von vornherein darauf aufmerksam gemacht, aber nun muss er darangehen und die Wasserflächen im Tiergarten senken, wozu später sogar besondere technische Vorrichtungen geschaffen werden müssen.

Die Schwierigkeiten, die Lenné mit dem Tiergarten und dem Landwehrkanal gehabt hat, würden, wollte man sie alle verzeichnen, ein dickes Buch füllen. Wie in Babelsberg scheint ihn hier sein sprichwörtliches Glück verlassen zu haben. Noch als Günstling *Friedrich Wilhelms IV.* erfährt er von bürokratischer Seite Zurückweisung und sogar Erniedrigung, was bis zu Verdächtigungen ständiger Kompetenzüberschreitung reicht. Erst als er – zum ersten und einzigen Mal in seinem Leben – mit seinem Rücktritt droht, reagiert der König energisch und öffnet seinem Gartengeneraldirektor ein für alle Mal die Dienstwege.

Trotzdem wirft Lenné nach Überwindung so vieler und in diesem Ausmaß ungewohnter Widerstände das Handtuch. 1848 tritt er demonstrativ von allen Arbeiten dort zurück, hält sich allerdings ein Hintertürchen offen und eigentlich sogar zwei. Das bedingte Aufsichtsrecht über den Tiergarten lässt er sich ausdrücklich zusichern und ernennt überdies einen seiner ihm eng verbundenen Schüler, *August Gottfried Klengel,* zum Garteninspektor, dem er, nach dessen frühem Tod, seinen Lieblingszeichner, *Gerhard Koeber,* folgen lässt. Das Verhängnis will es, dass auch er noch jung an Jahren und lange vor Lenné stirbt. Kein gutes Omen für das Lieblingsobjekt des Volksgarten-Poeten, das 1945 so gut wie ausradiert werden wird.

Der Stadtplaner

Der Künstler Lenné dürfte den Interessierten vertraut sein. Es ist ja noch einiges von seinem Werk erhalten, wenn auch nur ein höchst geringer Prozentsatz; das meiste hat die Zeit verschlungen. Aber in einer Stunde in Klein-Glienicke oder Potsdam kommt man ihm nahe.

Der Mensch Lenné tritt weit hinter diesem Werk zurück. Einiges wissen wir dennoch. Die Porträts von *Rauch* und *Begas* sowie einige Stiche haben sein Gesicht überliefert; es gibt sogar Fotos, auf denen der Künstler ein bisschen wie sein späterer Landsmann *Adenauer* aussieht. Was die Zeitgenossen über ihn berichten, haben wir im Gang der Handlung eingestreut. Lenné war Frühaufsteher, Weintrinker mit einer Vorliebe für Mosel und Rhein, Hundeliebhaber mit einer Vorliebe für Neufundländer, Sangesbruder, Botaniker, Geschäftsfreundschaften zugeneigt, ein geselliger, trotzdem schwieriger Mann und Untergebenen gegenüber etwas gestelzt, eine eher zierliche Erscheinung, braunhaarig, dunkeläugig, im Alter honoratiorenhaft, trotz seines beruflichen Erfolgs so etwas wie rheinisch-kleinstädtisch; der Gärtner schimmert immer wieder durch, bieder, fröhlich und zuweilen grob, wie es Gärtner sein können. Ein volles, rundes Bild ergibt das nicht. Lenné hat erstaunlich wenig Wert gelegt auf jene Selbststilisierung, die man in der Romantik doch so genialisch beherrschte, denkt man nur an *Schlegel, Tieck, Devrient,*

Hoffmann, Pückler, auch an *Friedrich Wilhelm IV.,* dem Lenné so sehr ergeben war. Sie alle verstanden es, sich nicht nur durch ihr Werk, sondern auch persönlich bis über ihren Tod hinaus zu profilieren. Neben *Eichendorff* dürfte Lenné der bescheidenste deutsche Romantiker gewesen sein, wenn auch nicht ganz das graue Mäuschen, das der Verfasser des Taugenichts aus sich gemacht hat. Fast immer sind wir jedoch auf Rückschlüsse verwiesen.

So lässt sich aus der Tatsache, dass er neben vielen Verpflichtungen Mitglied des Komitees zur Beschäftigung brotloser Arbeiter aus Potsdam und Umgebung war, ablesen, dass er sozial eingestellt war und ein Herz für die Armen besaß. Wie so oft bei ihm reicht Persönliches in sein Werk (und umgekehrt): Bei manchen Planungen scheint Lenné gleich eine Art von Arbeitsbeschaffungsprogramm mit einkalkuliert zu haben.

Ein solches war auch wohl notwendig, denn die großen Städte, vor allen Berlin, sind nach den Kriegen und den in ihnen erfolgten *Stein-Hardenbergschen* Reformen geradezu lawinenartig angewachsen. Seit 1811 ist der Zunftzwang abgeschafft. In Preußen herrscht seit der Bauernbefreiung Freizügigkeit und nahezu Gewerbefreiheit. Eine allgemeine Landflucht hat eingesetzt. Hatte Berlin 1810 eine Einwohnerzahl von rund 150 000, sind es neun Jahre später schon 200 000, ergibt die Volkszählung von 1831 fast eine Viertelmillion und erreicht man 1840 schon 330 000 Einwohner. In etwas über 30 Jahren hat sich die Einwohnerzahl Berlins so gut wie verdoppelt.

Die neu entstandene Industrie verfügt dadurch über einen Arbeitsmarkt, auf dem sie sich mit Fach- und ungelernten Arbeitern eindecken kann. Das heißt aber nicht, dass jeder beschäftigt wird – zeitweilig herrscht eine geradezu Furcht erregende Wohnungsnot und in den Elendsquartieren, vor allem dem berüchtigten Vogtland im Norden Berlins, eine unvorstellbare Armut. Auch auf dem Lande gibt es Probleme. Durch Rückwanderung aus den Städten ergibt sich so etwas wie eine versteckte Arbeitslosigkeit. Die gibt es wiederum auch in der Stadt. *Franz Schnabel* schreibt in seiner »Deutschen Geschichte im 19. Jahrhundert«:

Die Deutschen konnten nur schwer zur Beschäftigung in der Fabrik herangezogen werden. An anhaltende, einförmige Arbeit waren sie nicht gewöhnt, und auch durch höhere Löhne waren sie nicht zu bestimmen umzulernen und sich anzustrengen.

Er schreibt zwar über Süddeutschland, aber in Preußen gibt es ähnliche Umstellungsprobleme, wie man auch an dem von *Schnabel* herangeführten Zitat eines Schnellpressenfabrikanten erkennt:

Unsere Provinz ist schön und reich und keineswegs übervölkert. Während in England nur die Reichen unabhängig sind, sind es hier auch die Arbeiter, die Ihnen trocken sagen, daß zwei Tage Arbeit ihnen genügen, um die ganze Woche leben zu können. Die Leute betrachten die Fabrikarbeit als Nebenverdienst (…), er diente entweder zur Abtragung von Hypotheken oder wanderte in das Schankhaus.

Die einen drücken in ihrem Elend auf das Preisniveau, die anderen sind zu Arbeiten, wie sie plötzlich verlangt werden, nicht bereit – die industrielle Revolution verläuft nicht ohne Opfer, verschuldete und unverschuldete. Selbst Wirtschaftsfachleute, die ihren *Adam Smith* im Kopf tragen, entdecken, dass der große Wirtschaftstheoretiker nicht in allem Recht gehabt haben kann. Über die Ursachen des verschämt Pauperismus umschriebenen Elends weiter Bevölkerungsklassen ist man sich nicht einmal im Klaren. Man steht ihm wie einem Phänomen hilflos gegenüber.

Lenné hat dieses Problem mehrfach stillschweigend angepackt, indem er in Potsdam zahlreiche kleinere Arbeiten zum allgemeinen Wohle von brotlosen Arbeitern ausführen lässt, so im Sommer 1850 einen Platz an der Garnisonkirche (die heute abgerissen und durch ein Rechenzentrum ersetzt worden ist). Der König hat ihn dabei auch mehrfach finanziell unterstützt, zum Beispiel bei der Umgestaltung des Wilhelmplatzes (heute: Platz der Einheit). Ein Tropfen auf den heißen Stein, aber wenigstens eine aktive Maßnahme.

Harri Günther macht in seiner Lenné-Biographie unbegrenzte Bodenspekulation und den Zuzug verarmter Bauern und Landarbeiter für die desolate Wirtschaftslage verantwortlich. Aber das sieht er zu einfach, die Problematik ist komplizierter und komplexer, handelt es sich doch um einen totalen Wechsel fast aller bisherigen gesellschaftlichen Gegebenheiten, eine soziale Umstellung, die tatsächlich einer Revolution gleicht.

Auch das scheint Lenné bewusst gewesen zu sein, denn auf seinem Gebiet arbeitet er ihr entgegen. Nicht von ungefähr konzentriert sich die Arbeit seiner Spätzeit auf die Stadtplanung, die selbst der romantische Gartenpoet als vorrangig erkennt. Der Übergang ist freilich schon früher erfolgt, nicht zuletzt während der langjährigen engen Zusammenarbeit mit *Schinkel,* der ebenfalls vor vielen anderen die Zeichen der Zeit wahrgenommen hat. Schon sein Bauplan von 1817 lässt darauf schließen. Von ihm sind jedoch nur wenige öffentliche Bauten verwirklicht worden, zu schweigen von den weiteren Plänen zwischen 1823 und 1833, die allerdings ausschließlich den Kern der Stadt betreffen. Nur die so genannte Friedrich-Wilhelm-Stadt wird nach *Schinkels* Entwurf gebaut und, allerdings erst sehr viel später, 1840, von Lenné mit einer Grünanlage versehen.

Zwanzig Jahre hindurch dringt der Gartendirektor bei Hofe auf die Bebauung des Köpenicker Feldes, das, im Südosten Berlins gelegen, vorwiegend landwirtschaftlich genutzt wird. Der Stadtrat *Mandel* hat bereits einen derartigen Plan vorgelegt, ein Baurat namens *Schmid* diesen geprüft und neu gefasst. Obwohl von *Friedrich Wilhelm III.* bereits genehmigt, scheiterte er am Widerstand der Anwohner – Bürgerinitiativen sind nichts Neues in Berlin, es hat sie schon immer gegeben.

Da das Köpenicker Feld auch den damaligen Kronprinzen interessiert, entwirft auch er eine Planung mit Boulevards, die sich vielfach sternförmig ausbreiten. Beide Pläne, sowohl der von *Schmid* als auch der *Friedrich Wilhelms,* wurden *Schinkel* zur Begutachtung vorgelegt. Dessen wahrhaft salomonisches Urteil lautete, man möge aus beiden Plänen das Beste nehmen und es zu einem dritten Plan zusammenfügen. Was *Schinkel* selbst jedoch – aus Arbeitsüberlastung oder wohlweislicher Überlegung – unterließ. 1840 sprang Lenné in die Bresche. Sein erster Bebauungsplan für das Köpenicker Feld hat viel von *Friedrich Wilhelm* übernommen, vor allem die Alleen mit vielen Grünflächen dazwischen. Aber auch aus ihm wird nichts.

Auf jeden Fall gibt es bei den Plänen für das Köpenicker Feld und einem fast gleichzeitig eingereichten Plan für das so genannte Pulvermühlengelände eine enge städtebauliche Zusammenarbeit Lennés mit *Schinkel,* an der mit einigen Ideen auch der Kronprinz beteiligt ist. Lenné überlässt dem Architektenfreund seine Entwürfe, der sie, wie er schreibt, sehr vorteilhaft für seinen letzten »Großen Bebauungsplan« von Berlin verwendet, den er im Juli 1840, zwei Monate vor seinem verhängnisvollen Schlaganfall, vollenden konnte. Die Übereinstimmung beider Künstler dürfte für Zweckmäßigkeit sprechen, lautet das Urteil der Gutachter, die die Vorlage als Lenné-Schinkelschen Bebauungsplan diskutieren. Ihn wird *Friedrich Wilhelm IV.,* ein Jahr nach *Schinkels* Tod, genehmigen, wenn auch da schon wieder in leicht veränderter Gestalt.

Denn die rasante Entwicklung der ständig wachsenden Stadt, ebenso aber Einsprüche der Bürgerschaft und, das auch, der Militärs, verlangt immer wieder Umdenken und Neuplanung – eine Situation, der selbst rasche Arbeiter wie *Schinkel* und Lenné notgedrungen hilflos gegenüberstehen.

Dass unter derartigen Umständen vieles Flickwerk bleiben muss, dürfte jedem Beobachter der Szene klar sein. Es fehlt nicht an gutem Willen, es fehlt an der Zeit, die man benötigt, um mit der sich überstürzenden Situation Schritt halten zu können. Lenné versucht sie in den Griff zu bekommen, indem er eine Art Generalplan entwirft, der auch zukünftiges Wachstum berücksichtigt.

Er entwirft ihn wohl vor allem, um Sorge zu tragen, dass genügend Grün- und Erholungsflächen von vornherein eingeplant bleiben, denn das Schreckgespenst einer Mietskasernenstadt, die *Werner Hegemann* in seinem berühmten Buch von 1930 als »Die steinerne Stadt« apostrophieren wird, sieht er – für Romantiker, und nicht nur für sie, ein Alptraum – wohl deutlich vor sich.

Der Gartenpoet hat seinen Traum von einer Insel Potsdam, einer wohl gestalteten Gartenlandschaft in unmittelbarer Nähe einer Hauptstadt, wenn auch nicht im Ganzen, so doch Stück für Stück wie ein Mosaik mit einigen fehlenden Steinchen realisieren können. Fast 50 Jahre Arbeit hat es gekostet. Seinen neuen Plan, den er »Projectirte Schmuck- und Grenzzüge von Berlin und nächster Umgebung« nennt, wirft er als Mahnung in die Zukunft. Dass er die Realisierung erlebt, kann der 1840 mittlerweile 51-Jährige kaum hoffen.

Man darf die »Schmuck- und Grenzzüge« folglich als sein Vermächtnis betrachten, auch wenn Lenné noch über ein Vierteljahrhundert Lebenszeit vor sich hat. Ein großer Entwurf, ein großer Wurf. Er sieht eine Ringstraße in Form eines baumbestandenen Boulevards vor – Lenné kann noch nicht ahnen, dass die kommende Millionenstadt statt dessen einer S-Bahn bedürfen wird – und um den Ring herum ein aufgelockertes Berlin. Der gealterte Gartenromantiker versucht – den Erfordernissen von Zeitdruck, Industrie und Unübersichtlichkeit der Situation zum Trotz – so etwas wie eine ideale Stadt in einer ungesicherten Zukunft.

Aus dem Romantiker wird überhaupt immer mehr ein Realist, der seine romantischen Züge freilich nie ganz verliert. Vom früh verstorbenen *Schinkel* hat er sozusagen die Stafette übernommen. Unter dem ihm wohlgesonnenen *Friedrich Wilhelm IV.* kann er städtebaulich immerhin einiges durchsetzen, was der Stadt heute noch zugute kommt, wozu auch der bereits erwähnte Straßenzug von der Kreuzberger Gneisenaustraße zum – ebenfalls von Lenné gestalteten – Zoo gehört. Er bebaut das Köpenicker Feld, lässt Landwehr- und Luisenstädtischen Kanal entstehen, versieht das trostlose Krankenhaus Bethanien mit dem hübschen Mariannenplatz; Moabit, Tempelhof, Schöneberg erhalten von ihm ihre zukünftige Gestalt; Belle-Alliance-Platz (heute Mehringplatz), Lustgarten, Leipziger Platz, Opernplatz, Hausvogteiplatz – es gibt kaum einen Platz in der preußischen Hauptstadt, den er nicht mit Grün- und Blumenschmuck versehen hätte (und manchen sieht man es bis heute an). Im Gegensatz zu allen anderen überragenden Landschaftsgestaltern, vielleicht mit Ausnahme *Reptons,* ist ihm kein Ort zu gering, keine Straßenkreuzung zu klein – seine liebevolle Meisterhand lässt er grundsätzlich allem angedeihen:

Denn je weiter ein Volk in seiner Kultur und in seinem Wohlstande fortschreitet, desto mannigfaltiger werden auch seine geistigen und sinnlichen Bedürfnisse. (…) Dahin gehören dann auch die öffentlichen Spazierwege, deren Anlage und Vervielfältigung in einer großen Stadt nicht allein des Vergnügens wegen, sondern auch aus Rücksicht auf die Gesundheit dringend empfohlen werden muß.

Es ist hier nicht der Raum, um auch nur alles aufzuzählen, was Lenné in Berlin angepackt hat (selbst umfangreichere Biographien haben da ihre Schwierigkeiten).

Bedenkt man, dass er in ganz Preußen tätig war, und darüber hinaus, dass er städtebaulich auch Projekte für München und Wien entwarf, steht man vor einer Arbeitsleistung gigantischen Ausmaßes.

Und wie würden diese unsere Städte erst aussehen, wenn man mehr auf ihn gehört hätte, als es der Fall war! Ein kreisförmiger, von Bäumen und Grünflächen umgebener Boulevard im Norden, der als unpraktisch verworfen wurde, hätte Berlin gut zu Gesicht gestanden, wie auch seine in den »Schmuck- und Grenzzügen« vorgesehene Gestaltung des Landwehrkanals. Ihn wollte er im Süden der Stadt auf 7,4 Kilometern Länge auf der einen Seite mit Baumreihen, auf der anderen mit lockeren Buschpflanzungen versehen.

1857 erleidet *Friedrich Wilhelm IV.* einen Schlaganfall, der eine geistige Erkrankung zur Folge hat. Bis zu seinem Tode am 2. Januar 1861 in Sanssouci übernimmt sein Bruder, *Prinz Wilhelm,* die Regentschaft, der dann als *Wilhelm I.* König von Preußen (und später erster deutscher Kaiser) wird.

Lennés Einfluss schwindet sofort. Er hat sich wohl unter *Friedrich Wilhelm IV.* nicht nur Freunde gemacht. Seine mitunter barsche und hochfahrende Art, mit den Leuten umzugehen, muss viele, auch Wohlmeinende, abgestoßen und das unbegrenzte Vertrauen, das er beim König genoss, allgemeinen Neid erregt haben. Er bleibt zwar in seinem hohen Amt, wird jedoch so gut wie kaltgestellt.

Sogar seinen Bebauungsplan legt man schweigend zu den Akten; das Polizeipräsidium, das die ästhetischen Entwürfe des Gartengeneraldirektors schon lange mit Groll verfolgt, beauftragt statt dessen *James Hobrecht* mit einer Neugestaltung. Der Hobrecht-Plan steht am Anfang der Entwicklung Berlins zur Steinernen Stadt.

Hobrecht, von Haus aus Feldmesser, war eigentlich ein Fachmann für Stadtentwässerung. Da war er sogar der Fachmann, denn nicht nur Berlin, sondern mehr als 30 deutsche Städte verdanken ihm ihre fachgerechte Kanalisierung, und für eine solche hat er sogar in Moskau, Tokio, Kairo und Alexandrien gesorgt.

Ein verdienstvoller Mann also. Aber ob ein Abwasserspezialist, wenngleich von *Virchow* hoch gepriesen, der Richtige ist für eine zukunftsweisende Stadtplanung? Den Bau der S- wie auch der U-Bahnen in Berlin hat er jedenfalls über Gebühr lange verhindert, und das verschiedentlich unter Vorspiegelung falscher Tatsachen, nur um sich seine Kanalisation nicht verderben zu lassen.

Der Hobrecht-Plan geht im Übrigen auf den Bebauungsplan *Schmids* zurück. Das Einzige, wofür Hobrecht überall gelobt worden ist und weiterhin gelobt wird, hat er jedoch von Lenné übernommen: die Ringstraße. Aber auch weitere Teilplanungen, für die Tempelhofer und Schöneberger Feldmark etwa, stammen ursprünglich von Lenné. Ansonsten jedoch geht alles den Gang, den Lenné befürchtet zu haben scheint.

Es gibt Verteidiger *Hobrechts,* über den wir dann auch nicht rechten wollen. *Wolfgang Ribbe* schreibt den Bestimmungen der Berliner Bauordnung von 1853 die Hauptschuld an der verhängnisvollen Entwicklung zu und fügt hinzu:

Unter dieser Prämisse muß auch die polemische Kritik gesehen werden, die mit einer Artikelserie des Berliner Statistikers

Ernst Bruch 1870 in der Deutschen Bauzeitung einsetzte und die in der Beschuldigung eines Werner Hegemann gipfelte, Hobrecht habe das steinerne Berlin, die größte Mietskasernenstadt der Welt' geplant. Bis in die jüngste Zeit ist Hegemann als Kronzeuge in dem jahrzehntelangen »Prozeß« gegen Hobrecht herangezogen worden, ein Verfahren, das fast immer mit der gnadenlosen Hinrichtung des Delinquenten endete.

Vielleicht ist *Konrad Kettig* da gerechter, der in der »Heimatchronik Berlin« 1962 beiden, der Bauordnung durch die Polizeibehörde und dem Hobrecht-Plan, Schuld zuweist:

Die Mietskaserne herrschte in diesen neuen Wohnbezirken vor. Jeder Quadratmeter bebauten Grundstücks sollte Zins tragen. In der uneingeschränkten Bodenausnutzung stellte Berlin einen traurigen Rekord auf. 1857 gab es auf einem Grundstück durchschnittlich 9 Wohnungen mit 48 Bewohnern, 1905 aber bereits 21 Wohnungen mit 75 Bewohnern. Gefördert wurde diese (…) Entwicklung mit ihren schwerwiegenden sozialen Folgen durch die Anordnungen des Bebauungsplanes und der Bauordnung (…) Beide Vorschriften zusammen begünstigten das Entstehen langer Straßenschluchten und großer Mietskasernen mit mehreren Quergebäuden und Seitenflügeln, in denen die ärmere Bevölkerung in unhygienischen und unsittlichen Verhältnissen hauste.

Kommentare Lennés dazu sind nicht bekannt geworden. Er wird im Freundeskreis Kritik geübt haben, aber erstens fallen die schlimmsten Auswirkungen in die Zeit nach seinem Tode und zweitens ist er und bleibt er Beamter Seiner Majestät. Zwischen Lenné und dem jetzigen König besteht spätestens seit seiner Abberufung aus Babelsberg ein gespaltenes Verhältnis. Man achtet einander, kennt sich ja auch seit Jahrzehnten, auch *Wilhelm* wird der erste Ritt mit dem Gartendirektor über den sandigen Babelsberg unvergesslich gewesen sein, aber es gibt keine näheren Bindungen. Der Mann, mit dem *Goethe* gern das Feld durchwandern wollte, ist, ein Relikt aus der Romantik und auch wohl der höfisch-aristokratischen Welt, nicht mehr gefragt. Siam liegt anscheinend weit zurück.

Was allerdings die »Schmuck- und Grenzzüge« betrifft, so bleibt sein Nachfolger, kein anderer als *Gustav Meyer,* wachsam. Er setzt noch vieles in die Tat um, was sein großer Lehrer einst geplant hat. Der letzte Landschaftspoet wird dadurch zum Mitschöpfer der bescheideneren bürgerlichen Stadt- und Erholungsanlage.

In seiner 13 Seiten langen Denkschrift, die Lenné seinem Plan beigab, hieß es noch, Berlin werde »dereinst auch in Rücksicht auf landschaftlichen Schmuck, Großartigkeit und Mannigfaltigkeit der (…) genußreichen Einrichtungen und Anlagen nicht ihresgleichen haben«. Davon kann nach *Hobrecht* allerdings keine Rede sein.

Außerhalb Berlins

Unermesslich lang ist auch die Liste der Parks und Gärten, die Lenné überall in Preußen außerhalb Berlins und Potsdams geschaffen hat. Alphabetisch reicht sie von Aachen bis Zützen im Land Brandenburg. Für *König Maximilian II.* von Bayern, der in Berlin studiert hat, entwirft er den Park für Hohenschwangau und die Roseninsel Wörth im Starnberger See. Die Kuranlagen in Bad Neuenahr, die Bürgerwiese in Dresden, der Garten für die Flora (eine Aktiengesellschaft) in Köln, der Park in Homburg von der Höhe, die Baum- und Wiesenlandschaft rund um das Kloster Chorin, der Schlosspark von Ludwigslust, der bewaldete Zugang zur Burg Hohenzollern – die Aufzählung ließe sich fast endlos fortsetzen.

In Ballenstedt am Harz befindet sich eines seiner reifsten Alterswerke, wie *Harri Günther* sagt, ein stimmungsvoller Ausklang Lennéscher Kunst. Kügelgen schreibt 1860:

Da kann sich ein betrübliches Herz erheitern! Wie schön wird das alles! Lenné schafft da wirklich sein Meisterwerk. Ganz prächtig wirken die großen Rasenflächen, die jetzt in üppiger Frische prangen. Der Hofgärtner hat damit aber recht seine Sorge. Er will den Rasen durchaus ohne Blümchen, rein grün. Dem lieben Gott gefällt's aber besser mit Blümchen, und er hat sich zu seinem Spaße und des Hofgärtners Ärger wenigstens den einen Rasenteppich ganz mit weißen Kleeköpfchen bestickt.

Esskastanien und Rotbuchen holt sich der geschickte Gartendirektor direkt aus dem Harz. Baruth, Caputh, Sakrow, Bonn, Boizenburg, Breslau, Königsberg, Merseburg, Lübeck, Neuruppin, Bad Oeynhausen, Pyritz, Stettin, Swinemünde, Stolzenfels am Rhein und Wittenberg Lutherstadt – es dürfte kaum einen Zeitraum gegeben haben, in dem sich Lenné nicht zumindest vorübergehend auf Dienstreise befunden hat. Denn es gab keinen Auftrag, für den er sich das Gelände nicht selbst angesehen hätte, und keine Ausführung ohne seine gelegentliche Überprüfung. Allerdings hatte er, wir wissen es schon, genügend Schüler und Vertraute, denen manches delegiert werden konnte.

Hinzu traten all die kleinen Gutsgärten, für die der Gartengeneral nicht weniger berühmt war als für seine Großarbeiten und Landschaftsgestaltungen. *Gerhard Hinz,* sein erster Biograph (1937), führt in seiner Liste ländlicher Lennéscher Parkanlagen allein 120 Objekte auf, die meisten schon zwischen 1821 und 1840 entstanden, also ehe er von *Friedrich Wilhelm IV.* mit Arbeiten überhäuft wurde.

Einen dieser Parks, sogar einen bis heute einigermaßen erhaltenen, hat *Fontane* in seinen »Wanderungen« (Buch »Havelland«) eingehend geschildert, den von Petzow:

An einem Hügelabhang gelegen wie Sanssouci, hat er mit diesem den Terrassencharakter gemein. In großen Stufen geht es abwärts. Wenn aber Sanssouci bei all seiner Schönheit einfach eine große Waldterrasse mit Garten und Wiesengründen bietet, so erblickt man von dem Hügelrücken des Petzower Parkes aus eine imposante Wasserterrasse, und unser Auge, zunächst

ausruhend auf dem in Mittelhöhe gelegenen, erlenumstande-
nen Parksee, steigt nunmehr erst auf die unterste Treppenstufe
nieder – auf die breite Wasserfläche des Schwilow.

Der Schwilow ist, wie der Wanderer durch die Mark
Brandenburg vorher erklärt hat, eine weite Havelbucht
so groß etwa wie der Tegler See, der Wannsee oder der
Plauensche See.

Apropos Tegel. Auch das von *Schinkel* für *Wilhelm
von Humboldt* umgebaute Schlösschen Tegel hat Lenné
mit einer kleinen Landschaft versehen, deren Abwechs-
lungsreichtum wiederum *Rellstab* beschrieben hat:

*Wir sehen eine weite Fläche vor uns, durchschnitten von un-
geregeltem Gebüsch, regelmäßigen Laubgängen, Gartenstü-
cken, Wiesen, Feldern; umgrenzt von weiten Waldlinien auf
bläulichen Anhöhen; ein herrlicher Seespiegel mit grünen Inseln, breitet sich vor uns aus. Einzelne Thurmspitzen am jenseitigen Ufer oder hinter dem schwarzen Waldsaum unterbre-
chen die Einförmigkeit des Horizonts; und der freie Himmel
mit seinen Wolkengebilden, den man in Gebirgslandschaften
fast nie in solcher Ausdehnung übersieht, kann sogar, unter
Umständen, dem sanften Reiz der Landschaft das wahrhaft
Erhabene gesellen. (…) Blaue Wasserflächen, und blaue Him-
melswölbung, Waldes- und Wiesengrün und Saatengold, bilden allüberall eine Mischung, die das schönste Naturbild er-
zeugen kann.*

Der große Reiz dieser Beschreibung des Musikkriti-
kers und Lenné-Verehrers *Rellstab* liegt darin, dass ihm
dessen gestalterische Hand an diesem Ort nicht bekannt war und anscheinend auch nicht bewusst gewor-

den ist. Er nimmt alles – Lenné muss sich geschmeichelt gefühlt haben – für ein Naturbild. Die Sichtschneisen sind heute alle zugewachsen.

Der Tegeler Schlosspark ist, wenngleich etwas ungepflegt, erhalten. Die meisten der ländlichen Arbeiten Lennés dürften jedoch so aussehen wie jener Park um Gut Nehmten im Kirchspiel Bosau am Großen Plöner See. Ich stamme aus Ostholstein und war sehr erstaunt, als mein Jugendfreund *Dr. Eduard Diegmann* mich unversehens in einen – mir unbekannten – Lennépark führte. Das Gut Nehmten hat einst den *Königsmarcks* gehört, unter anderem jener berühmten *Aurora,* die unter *August dem Starken* das war, was *Lola Montez* unter *Ludwig II.* gewesen ist, die Mätresse nämlich. Später zog sich der in Schleswig-Holstein berühmt-berüchtigte *Carl Baron Scheel-Plessen* dorthin zurück, einer der bedeutendsten Staatsmänner seiner Zeit, der sowohl den Dänen als auch ihren Feinden, den Preußen, gedient hatte. Das 1820 erbaute Gutshaus steht unter Denkmalschutz und ist vorzüglich in Schuss. Der Garten wird jedoch als Wildgehege genutzt; man kann ihn nur als absolut ungepflegt bezeichnen. Sogar die herrliche, typisch Lennésche Hauptgesichtslinie, die sieben Kilometer über den blauen See hinweg auf das Plöner Schloss führt, ist von Unterholz völlig zugewachsen. Damals schrieb ich:

Lag es an dem Reif, der überall glitzerte, selbst am Unterholz, der die Plöner Sichtachse verdarb, lag es an dem Rudel Rehe, das langsamen Schritts den (…) Park durchquerte und uns zwar neugierig ansah, aber in kaum zehn Meter Entfernung vorbeistrich, als sei so etwas selbstverständlich? Lag es an dem seltsam zwiegespaltenen Gefühl allen Landschaftsgärten gegenüber, das ich schon von Pücklers Muskauer Schöpfung her kenne? Dort fand ich, Hand aufs Herz, die verwilderte polnische Seite schöner als die fast kaputtgepflegte und restaurierte diesseits der Neiße in der DDR. Lenné plus Natur ist fast eindrucksvoller als Lenné allein oder Natur allein.

Einen großen Landschaftsgärtner spürt man noch nach über hundert oder sogar hundertfünfzig Jahren. Seine Bäume, soweit noch vorhanden, sind stärker und größer als alles Nachgewachsene und bilden weiterhin ein Gerüst, dem sich das Wilde, Ungezähmte unterzuordnen scheint.

Das Gut Nehmten soll übrigens zur gleichen Zeit entstanden sein, als Lenné über 12 000 Kubikmeter Erde im Schlosspark Charlottenburg aufwarf, um die sumpfigen Stellen trockenzulegen und neue Sichtbeziehungen herzustellen, »die meist schräg durch den Garten verlaufen und vielfach sogar die geheiligten Alleen durchbrechen«, wie es *Harri Günther* ausdrückt. Er muss auch schon am Ansbachschen Palais tätig gewesen sein, das später *Prinz Albrecht* bezieht. Man hat manchmal den Eindruck, Lenné habe hexen können. Der Zauberstab dürften die jungen Mitarbeiter gewesen sein: *Koeber, Meyer, Hartwig, Reuter, Rönnekamp, Nietner* und wie sie alle hießen, die, einem Zeitgenossen zufolge, der es nicht allzu freundlich ausgedrückt hat, »nach seiner Pfeife tanzten«.

Im Preußen *Friedrich Wilhelms IV.* jedenfalls tritt Lenné auf wie ein Feldherr über Landschaft, Baum, Strauch, Blume und Gärtner. Ein Feldmarschall, der sich nur von seinem König und bestenfalls seiner rabiaten Schwester hofmeistern lässt.

Trotzdem oder eben deswegen wird sich der erfolg-
verwöhnte und ganz von seiner Arbeit besessene Mann
nach dem Thronverzicht *Friedrich Wilhelm IV.* in Berlin
vereinsamt gefühlt haben. Jedenfalls strebt er zurück
ins heimatliche Rheinland. Im September 1865 hat er
sein Haus in Koblenz, wo sein Vater so lange tätig war
und auch er einen seiner frühesten Entwürfe verwirklichen konnte, fertig gestellt. Beziehen wird es sein
jüngster Bruder *Clemens.*

Kennzeichen der Deutschen?

Ist erst einmal der unmittelbare, aktuelle Einfluss geschwunden, häufen sich die Ehrungen; das war schon immer so. Es hat auch wohl schon immer ein bisschen schlechtes Gewissen dabei mitgespielt. Da man auf einen Altverdienten nicht mehr hört, windet man ihm wenigstens einen Lorbeerkranz.

An Ehrungen hat es Lenné nie gemangelt. Da er für Arbeiten im »Ausland« – etwa Bayern oder Sachsen – kein Honorar annehmen durfte, regnete es, wie der jüngere *Wichmann* berichtet, Orden, Tafelservice, Brillanttuchnadeln und dergleichen: »(…) habe ich doch zwölf goldene Dosen allein, theilweise sehr kunstvoll emailliert, in seinem Glasschranke gezählt.« Sehr ernst scheint Lenné die Orden nicht genommen zu haben. Wichmann schreibt:

Eines Morgens erschien er, als wir im kleinen Ochsenaugenzimmer beim Frühstück saßen, im Schlafrocke, der sowohl vorne wie hinten mit Kreuzchen, Sternen und großen Ordensbändern derartig bespickt und umwunden war, daß alle diese Herrlichkeiten bis an die Knie hinunterschlappten. Da war ein Portugiese, ein Österreicher, ein Sachse, ein doppelter Russe, ein alter Schwede, ein über den Ocean gereister Brasilianer, der Medaillen an Schleifen, so er von Gartenvereinen und städtischen Behörden empfangen, der Ketten von botanischen Gesellschaften und anderer Dekorationen von kleineren Potentaten gar nicht zu denken.

Solcher Tand, wie er ihn nannte, imponierte Lenné nicht. Erfreut war er jedoch, als die philosophische Fakultät der Universität Breslau ihm – wohl als erstem Landschaftsgärtner überhaupt – die Ehrendoktorwürde verlieh. Das geschah 1861, er war schon 72 Jahre alt.

Ob ihm der reichlich schwülstige Zungenschlag der lateinischen Begründung auf dem Diplom zugesagt hat, steht dahin. Er habe, heißt es in ihr (»novam hortorum exornandorum artem«) eine neue Gartenschmuckkunst begründet, die »durch wissenschaftliche Kenntnis nicht weniger als durch langjährige Anwendung derselben wohlgeordnet sei« und – »et ab omni imitatione alienam Germanorumque vere propriam« – die »von jeder fremden Nachahmung entfernt sei und im eigentlichen Sinne ein Kennzeichen der Deutschen«.

So nationalistisch, wie es uns heute in den Ohren klingt, war das zweifellos nicht gemeint. Ein Deutsches Reich gab es noch nicht oder nicht mehr. Zwar hatte *Napoleon* dafür gesorgt, dass an die Stelle unzähliger Kleinstaaten mit komplizierter Feudalbürokratie größere, lebensfähigere Staatsgebilde, meist Großherzogtümer oder Königreiche wie Württemberg oder Bayern, getreten waren (nach *Napoleons* Rheinbund-Ordnung gliedern sich letztlich noch heute die Länder der Bundesrepublik), aber allgemein ersehnt wurde doch ein geeintes Deutschland. Da sich mit ihm etwas Schwarz-Rot-Goldenes verband, etwas Demokratisch-Republikanisches oder eine konstitutionelle Monarchie im englischen Sinne, war es sogar recht mutig, wenn eine Universität nicht etwa von einem Kennzeichen der Preußen sprach, sondern einem der Deutschen.

Aber »ab omni imitatione alienam«? Lennés Bedeutung liegt doch gerade darin, dass er nach einem Studium in Frankreich und genauer Kenntnis der Gartenkunst in England sowie, nicht zu vergessen, in Italien, die vielen Fäden miteinander zu verknüpfen verstand. Er hat keinen typisch deutschen Stil geschaffen, nimmt man diesen Begriff nun im monarchischen oder im republikanischen Sinn, sondern einen internationalen. Ohne englische Einflüsse wäre ihm das nicht möglich gewesen und ohne Rückgriffe auf französische und italienische Gartengeschichte auch nicht, zumindest in der letzten Periode seines Schaffens.

Der Text der Ehrenpromotion verzerrt Lennés Leistung, die gleichsam über den Nationen steht. Wie das Gärtnern dürfte die Gartenkunst schon in sich grenzüberschreitend sein – die Natur kümmert sich nicht um Grenzen, bestenfalls ändert sie sich von Erdteil zu Erdteil, was aber Gärtner ebenfalls seit jeher wenig gekümmert hat. In Stourhead, einem der Ur-Landschaftsgärten Englands, dem Hauptwerk *William Kents,* spielt in der Gesamtinszenierung der aus dem Himalaya importierte Rhododendronstrauch eine Hauptrolle, und das seit 1791.

Der Landschaftsgarten ist kein Kennzeichen der Deutschen, auch bei Lenné nicht. Sein Verdienst bleibt, dass er ihn sozusagen humaner gemacht, ihn sozial eingegliedert und in die entstehenden Steinwüsten der Großstädte getragen hat. Da ist ihm zwar ebenfalls schon *Repton* vorangegangen – in Zusammenarbeit mit *Nash* wie Lenné mit *Schinkel* –, aber doch nicht derart konsequent wie er.

Der Thronverzicht *Friedrich Wilhelms IV.* ließ fast alle Neuplanungen stocken. Man konzentrierte sich, wir haben es schon geschildert, auf die Bewältigung – und letztlich Fehlbewältigung – der städtischen Probleme. *Hobrechts* Stern geht auf.

Da gibt es für Lenné freilich einiges nachzuholen, was unter dem Romantiker auf dem Königsthron in Rückstand geraten ist: die Pflege des Vorhandenen. Vor allem die riesigen Anlagen in Potsdam bedürfen beständiger Restaurierung, aber auch in Charlottenburg und sogar Magdeburg gibt es zu tun. Das mag nicht so spektakulär sein, wie ein Siam aus dem Boden zu stampfen oder einen Sandberg in einen Landschaftsgarten zu verwandeln, aber es ist ebenso wichtig.

Lenné überlässt vieles seinem Büro, das jetzt *Gustav Meyer* mit großen Vollmachten leitet und dem er kleinere und größere Aufgaben ohne weiteres anvertrauen kann. Aus der Stadt, Lennéstraße 1, hat er sich wieder ins Potsdamer Gärtnerhäuschen zurückgezogen, obwohl er den Berliner Wohnsitz auch jetzt, wo er in Berlin kaum noch etwas zu tun hat, beibehält. Er verkriecht sich hinter dem Grünen Gitter, leidet höchstens unter seiner Schwester, der Haushälterin, und ihrer steifen Würde. *Wichmann* weiß auch hierüber zu berichten:

Auch schien die konservativ-liberale Gesinnung unseres Freundes nicht ganz nach ihrem altjungferlich-kirchlichen Geschmack. Jedoch Lenné that nicht das Geringste von dem, was ihm zugemuthet wurde (…) all diese Desiderata gingen spurlos an ihm vorüber.

So ganz spurlos wohl doch nicht. Eine der eingangs schon erwähnten Photographien zeigt den alten Lenné mit tief eingekerbten Falten. Die Mundwinkel, auf allen Porträts, selbst auf dem kleinen, das *Franz Krüger,* der preußische Hofmaler, seinem Paradebild von 1837 mit den vielen Berliner Bildnisfiguren beifügte, stets zu halbem oder ganzem Lächeln hochgezogen, sind tief herabgesunken, Resignation verratend oder Pessimismus. Man blickt dem Griesgram ins Gesicht, den schon so viele Zeitgenossen hinter dem geselligen und erfolggewohnten Rheinländer gespürt, auch wohl bisweilen erlebt haben. Paul *Ortwin Rave* schildert vorsichtig erste Anzeichen in seiner Beschreibung der etwas jüngeren Büste *Rauchs:*

Es ist ein Bildnis des fast Sechzigjährigen, daher das Fleisch schon etwas schlaff und blutlos, aber lebhaft bewegt über dem schönen Knochenbau des Schädels sitzt. Von dem glatten weichen Haar fällt eine Strähne über die Stirn. (…) Den Mund umspielen, geistvoll gemacht, die Falten der Haut. Die vorn liegenden Augen weichen klug, fast witzig zur Seite. Das verschmitzte, bewegliche Wesen des Rheinländers wird deutlich, der freilich ebenso leicht, wie er in guter Laune schaffend, empfindlich und verletzt sein konnte.

Ein weiteres glückliches und dankbar verzeichnetes Ereignis ist jedoch die Verleihung der Ehrenbürgerwürde der Stadt Potsdam, mehr als verdient. Zur Berliner Lennéstraße tritt nun auch eine in Potsdam, am südlichen Parkrand. Es dauert nicht lange, da gibt es solche fast überall, wo er tätig gewesen ist, sogar im sächsischen Dresden an der von ihm angelegten Bürgerwiese.

Der Mann, der für Könige tätig gewesen ist, auf seinem Gebiet gilt er selbst längst als König. Dass er sich schon früh aber auch um die Belange der einfachen Bürger gekümmert hat, sollte man nicht vergessen. Die meisten seiner vielen Gärten sind zwar für Adlige, Großgrundbesitzer und Fabrikanten (zum Beispiel *Borsig*) entstanden. Immer im Auge behält er jedoch, sein Leben lang, das Gemeinwohl, wovon in seiner Jugend der Tiergarten sowie die Magdeburger Arbeiten zeugen, im Alter das Bemühen um eine humane Stadtplanung.

Sein fünfzigstes Dienstjubiläum steht bevor. 1816 ist er in Sanssouci als Gärtnergeselle eingetreten und bald darauf als Garteningenieur vereidigt worden. Freunde, Mitarbeiter, der Verein zur Beförderung des Gartenbaus und nicht zuletzt die Gärtnerlehranstalt, die 1853 von Schöneberg ganz nach Potsdam verlegt worden war, bereiten eine Ehrung des großen Gärtners vor. Der ist nach Koblenz gefahren, um den Bau seines Alterssitzes zu überwachen. Im Oktober 1865 kehrt er zurück, als sich ein altes Leiden wieder meldet, das er längst überwunden glaubt und ihn aufs Krankenlager wirft. Eine schwere Erkältung tritt hinzu. Er stirbt am 23. Januar 1866 an einem Nervenschlag, wie man den Gehirnschlag damals nennt. *Wichmann:*

Sein Tod war ebenso glücklich wie sein Leben, gelitten hat er nicht; nur wenige Tage war er krank, dann schlief er sanft und ruhig ein.

Aufgebahrt wird er in seinem Potsdamer Gartenhaus. Der Trauerzug bewegt sich von dort aus zum Bornstedter Friedhof. Bornstedt und seine Feldmark, erklärt *Fontane,* »bilden die Rückwand von Sanssouci«. Als

der Brandenburg-Wanderer Lennés Grab dort aufsucht, imponiert ihm besonders ein Grab in der Nähe,
dessen Inschrift er sich notiert und seinen Lesern mitteilt:

*Hier ruht in Gott Professor Samuel Rösel – Tretet leise an
sein Grab, ihr Männer von edlem Herzen, denn er war euch
nahe verwandt.*

Bei – im umschriebenen Sinne – nahen Verwandten
findet auch Lenné seine letzte Ruhestatt. Die *Sellos,* seit
Generationen Hofgärtner in Sanssouci, nehmen ihn in
ihren Privatfriedhof auf, wo schon *Ludwig Christian
Sello* und seine Frau *Dorothea,* geborene *Anger,* die so
oft mit ihrer fröhlichen Töchterschar bei den Lennés
zu Gast gewesen sind, begraben liegen.

Dem Trauerzug vorangetragen wird ein vergoldeter
Silberkranz aus 50 Blättern, den man eigentlich dem
Generalgartendirektor zum 50. Jubiläum überreichen
wollte. Jedes der Blätter trägt den Namen eines Werks
von Lenné eingraviert. Zählen wir sie auf:

*Pfingstberg, Glienicke, Sacrow, Ruinenberg, Alexandrowka,
Lindstedt, Charlottenhof, Wildpark, Nordischer Garten,
Neues Orangerie-Haus, Sizilianischer Garten, Sanssouci-
Marly, Oeynhausen, Moabit-Borsig, Ludwigslust, Laxenburg,
Leipzig, Dresden, Frankfurt, Berlin Zoologischer Garten,
Neuhardenberg, Homburg, Basedow, Ballenstedt, Köln-
Flora, Magdeburg, Breslau, Altenstein, Berlin Tiergarten,
Boytzenburg, Berlin Plätze, Berlin Bebauung, Berlin Schif-
fahrts-Kanal, Oliva, Erdmannsdorf, Camenz, Fasanerie,
Hohenzollern-Burg, Brühl, Stolzenfels, Benrath, Koblenz,*

Charlottenburg, Schönhausen, Babelsberg, Pfaueninsel, Wolfs-hagen, Schwerin, Neu-Strelitz, Lübeck.

Auf den zwei Schleifen, die den Kranz zieren, finden sich die beiden Einrichtungen, die er schaffen half: die Landesbaumschule und die Gärtnerlehranstalt.

Der Grabstein trägt ein hochragendes Kreuz mit verdickten, pfeilartigen Enden, ein Kleeblattkreuz, wie es damals in Preußen als katholisches Kreuz empfunden wurde.

Seinem Glaubensbekenntnis ist der Rheinländer auch in seinen 50 Berlin-Jahren treu geblieben, ganz wie der andere preußische Romantiker aus dem entgegengesetzten Teil des Landes, *Eichendorff,* der ihm vor einem knappen Jahrzehnt im schlesischen Neiße vorangegangen ist.

Der Volkspark

*Die Vollendung des großartigen, 1840 in Angriff genomme-
nen Unternehmens, die Havel als einen See mit einem gewaltigen Parke von zwei Meilen Ausdehnung zu umgeben und
somit die in der Umgebung Potsdams vorhandenen Schmuck-
plätze durch landschaftliche Anlagen zu verbinden, wurde
durch seinen Tod vereitelt.*

So heißt es in einem Nekrolog des Vereins zur Beförderung des Gartenbaus. Nachrufe sollte man nicht korrigieren, aber diesem muss man hinzufügen: Lenné hat
keinesfalls erst 1840 begonnen, die Havel mit einem
gewaltigen Park zu umgeben, sondern schon 1816, als
er in Glienicke zu arbeiten begann. Und auch wenn
ihm nicht der ganze Traum einer Insel Potsdam gelang,
so doch die Realisierung eines gehörigen Teilstücks.
Noch heute bietet sich die Landschaft dem Betrachter
– ob von Glienicke oder Potsdam aus – als eine Einheit dar.

Glienicke wird heute – wie auch der freilich entscheidend veränderte Tiergarten – teilweise als Volkspark
benutzt, also ganz wie Lenné es in seinen »Projectirten
Schmuck- und Grenzzügen« vorsah, zur Gesundheit
seiner Bewohner und zum öffentlichen Vergnügen.

Das hat große pflegerische Nachteile, die sich besonders bei der vegetativen Rekonstruktion zeigten,
als Neuanlagen, vor allem im Baumschattenbereich,

immer wieder zertrampelt und beschädigt wurden. Zur Nutzung als Volkspark gehörten und gehören ja unter anderem das Rudern, was das Schilf schädigen, das Sonnenbaden, Picknicken und sogar Fußballspielen, was die Grasnarbe ruinieren, das öffentliche Grillen, was sogar junge und ältere Bäume zerstören kann.

Aber es kennzeichnet viele, wohl sogar die meisten Gartenanlagen von Lenné, dass sie sich zumindest in Teilen derartig nutzen lassen. Unmöglich sich vorzustellen, dass so etwas in Stourhead, Blenheim, Wörlitz, Muskau oder Branitz stattfände. *Kent, Capability Brown, Fürst Franz* und *Pückler* konzipierten ihre Landschaftsgärten vor allem für das Auge. Vielleicht war *Sckell* der erste, der eine grobere, intensivere, auch sportlichere Nutzung in seinem Münchner Englischen Garten vorsah. Ganz wie ja auch in London sowohl der Hyde Park als auch Kensington Gardens sportlichen Aktivitäten, dem Reiten vor allem, aber auch dem Drachensteigen und dem Ballspielen – und nicht zuletzt, Hyde Park Corner, den Zwecken absoluter Rede- und Versammlungsfreiheit zur Verfügung stehen.

Den ersten Berliner Volkspark hat zweifellos kein anderer als Lenné angeregt, in der besagten Denkschrift. Unter anderem sah er in den »Schmuck- und Grenzzügen« einen Park im Osten der Stadt zwischen dem neuen Königsberger und dem Landsberger Thore vor. Den Wettbewerb für die Gestaltung gewann kein anderer als sein junger Mitarbeiter *Gustav Meyer.*

Er dürfte dann auch der eigentliche Schöpfer des integrierten Volksparks gewesen sein. 1874/75, also erst nach dem Tode Lennés, legt er im Friedrichshain, wie er dann genannt worden ist, einen Spielplatz an in der

Form einer Reitbahn, 250 Meter lang und 100 Meter breit, also von unübersehbaren Ausmaßen. Im Friedrichshain hat auch ein Friedhof Platz gefunden für die Gefallenen der Märzrevolution 1848 – alles Dinge, die zu einem Landschaftsgarten herkömmlichen Sinnes wenig passen.

Doch schon 1785 hat *C. C. L. Hirschfeld* in seiner fünfbändigen »Theorie der Gartenkunst« eine weitere Form der Grünanlage gefordert, die er damals Volksgarten nannte und von der letztlich auch Lenné einige seiner Gedanken übernommen haben dürfte. Da heißt es:

Eine ansehnliche Stadt muß in ihrem Umfang oder in ihrer Nachbarschaft einen oder mehrere offene Plätze haben, wo sich das Volk in gewissen Zeitpunkten der Freude oder der Noth versammeln und sich ausbreiten kann, wo eine freye und gesunde Luft athmet und die Schönheit des Himmels und der Landschaft sich wieder zum Genuß öffnet. Diese Plätze machen eine vorzügliche Zierde der Städte, wenn sie mit Rasen, mit Springbrunnen, mit Bildsäulen geschmückt und den schönern Gebäuden umkränzt sind. (…) Die verschiedenen Stände gewinnen, indem sie sich hier mehr einander nähern, auf der einen Seite an anständiger Sittsamkeit und scheuloser Bescheidenheit und auf der andern an herablassender Freundlichkeit und mittheilender Geselligkeit. Alle gelangen hier ungehindert zu ihrem Rechte, sich an der Natur zu freuen.

Nicht auf das Schöne, Poetische, Ästhetische zielt dieser Gartengedanke, sondern auf die Nützlichkeit, auch das aufklärerische Ideal einer Erziehung des Menschengeschlechts. Hat bei Lenné das Schöne, Poetische noch

Vorrang, so neigt sich bei *Meyer* die Waagschale deutlich zur anderen Seite.

1866, im Todesjahr Lennés, entwirft er seinen zweiten Volkspark, den Humboldthain. Der erste Spatenstich wird am 100. Geburtstag *Alexander von Humboldts* getan, am 14. September 1869. *Rainer Stürmer* zitiert in seinem Aufsatz »Kommunales Grün« eine zeitgenössische Stimme, die darauf hinweist, dass sich die Grundsteinlegung des Parkes zu einem politischen Volksfest gestaltet:

Die Vorgänge hierbei erregten namentlich durch den Umstand Aufsehen, daß sich hier zum ersten Male mehrere tausend Männer mit roten Schleifen in geschlossenen Reihen beteiligten.

Hier entstehen ein Spielplatz, eine botanische Abteilung zum Schulunterricht, eine pflanzenkundliche Lehrschau sowie eine didaktische Geologische Wand, die ein Oberlehrer, *Dr. Eduard Zache,* entworfen hat. *Meyer* bietet, wie es scheint, aber noch nicht die Rasen- und Waldflächen zum öffentlichen Gebrauch an, denn die »Vossische Zeitung« moniert:

Der Plan des Hofgärtners Meyer, einer der tüchtigsten Landschaftsgärtner, trägt der Idee des Volksgartens zu wenig Rechnung. In seinem Park soll das Publikum schauend und staunend genießen, aber nicht den Rasen zertreten, sondern wenn Knaben den Muth des Zerstörens nicht lassen können, so mögen sie nach dem Spielplatz gehen.

Das »Directorial-Gebäude«, das sich *Gustav Meyer* samt eigener Dienstwohnung – er ist inzwischen zum ersten

Gartendirektor Berlins ernannt – in den Humboldthain setzt, gleicht einem Bekenntnis zu seinem Lehrer. Es erinnert unwillkürlich an die Römischen Bäder in Sanssouci.

Im Treptower Park scheint er sich dagegen die Kritik der »Tante Voß« zu Herzen genommen zu haben. In ihm erhält Berlin den ersten begehbaren Rasen. 1878 wird er in Angriff genommen.

Harri Günther schreibt in seiner »Entwicklung der Volksparke« (Günther benutzt immer und überall diesen wenig schönen Plural):

Damit wandte sich Meyer nun endgültig vom alten Parkideal ab. Wir finden keine dunklen, kulissenartigen Pflanzungen mehr, keine umpflanzten Wegekreuze, um aus dem Dunkeln auf hellere Flächen mit dem Schattenspiel der Bäume zu schauen. Weite, sonnenüberflutete Wiesen laden jetzt zum Liegen ein. Damit ist der Rasen nicht mehr, wie Pückler sagte, dem Goldgrund alter Bilder vergleichbar, sondern wird zur Nutzfläche eines Spiel- und Bewegungsdranges, der durch die aus England kommenden Ballspiele verstärkt wird.

Siehe da! Nicht nur der Landschafts- und letztlich auch der Volkspark kommen aus England, sondern auch jene Sportarten, die notgedrungen zu seiner Zerstörung führen.

Hermann Mächtig, der 30 Jahre, von 1877 bis zu seinem Tode 1909, die Berliner Gartenverwaltung leitet, baut den – von Lenné in einem ersten Entwurf viel weniger pompös vorgesehenen – Viktoriapark rund um *Schinkels* Nationaldenkmal zur Erinnerung an die Freiheitskriege 1813–1815 mit Wolfsschlucht und einem mächtigen künstlichen Wasserfall, der einem schlesischen nachgebildet sein soll. Unter Mächtig entsteht, von *Rudolf Virchow* und anderen Stadtverordneten vorgeschlagen oder sogar gefordert, in den Rehbergen im Norden Berlins der Schillerpark. *Friedrich Bauer,* der den 1907 ausgeschriebenen Wettbewerb gewinnt, baut ihn gleich um zwei große Spielplätze, eine Bürger- und eine Schülerwiese sowie ein großes Planschbecken herum, auf dem man im Winter Eis laufen kann. *Bauer* stammt aus Magdeburg, wo Lenné seinen ersten Volkspark gestaltet hat. In der Jury, die über die 105 eingereichten Arbeiten entscheidet – es gibt jetzt genügend Parkarchitekten –, sitzen unter anderem *Liebermann* und der Hamburger Kunsthallen-Direktor *Lichtwark.*

Trotzdem hat ein solcher Garten nur noch wenig mit Kunst zu tun als vielmehr mit Praktikabilität. *Erwin Barth* vollzieht als Stadtgärtner von Lübeck die längst fällige Konsequenz: Mit seinem Spielplatz Buniamshof schafft er die erste städtische Sportanlage in deutschen Landen. 1912 als Gartendirektor nach Charlottenburg berufen, richtet er dort eine Anzahl von Kleinlandschaftsgärten ein, die man jetzt als Stadtplätze bezeichnet und die ihm sehr hübsch gelingen, so den Karolinger Platz, den Goslarer Platz, den Park am Lietzensee, den Gustav-Adolf-Platz, heute Mierendorffplatz, und den von *Ringelnatz* besungenen Sachsenplatz, der heute leider nicht Ringelnatzplatz, sondern nach einem Professor für neuzeitlichen Städtebau Brixplatz heißt. *Barth* errichtet aber auch einen Volkspark in der Jungfernheide mit Restaurant, Badeanstalt und Ruderteich, Sport- und Buddelplätzen für Kinder sowie einem Gefallenendenkmal. Tennisplätze, ein Stadion, eine

Rodelbahn, ein Wildgehege und eine Freilichtbühne lässt er aus jener Sandwüste im Stadtteil Wedding wachsen, die er – der erste deutsche Professor für Gartenkunst – zwischen 1926 und 1928, noch kurz vor der Weltwirtschaftskrise, zum Volkspark Rehberge umgestaltet.

1910 wird auf dem 33. Brandenburgischen Städtetag formuliert:

Als Volkspark kann nur diejenige öffentliche Parkanlage bezeichnet werden, die im Gegensatz zu den meisten bisherigen öffentlichen Parks nicht nur den gelegentlichen Spaziergängen dient, sondern den Volksmassen und allen Kreisen der Bevölkerung zu jeder Jahreszeit Raum und Gelegenheit bietet zum Aufenthalt im Freien, zum Sichausleben in Spiel und Sport ebenso wie zum beschaulichen Ausruhen. Diesen Zwecken können die meisten bisherigen öffentlichen Parks in genügender Weise nicht dienen, weil bei ihrer Anlage der ›Zierwert‹ zu stark berücksichtigt wurde, während man an den praktischen Zweck des Parks zu wenig dachte.

Vielleicht denkt man inzwischen zu sehr daran. Ich habe manchmal das Gefühl, das Volk erholt sich in den alten Landschaftsgärten und ihrem Zierwert besser als in den so genannten Volksparks.

1913 wird gar ein Deutscher Volksparkbund gegründet, der festhält, was alles ein derartiger Volkspark, wenn er deutsch sein will, enthalten muss:

a) Schattige Alleen mit entsprechenden Platzerweiterungen,
b) sonnige Spielwiesen, die von jedermann betreten werden dürfen,
c) Wasserflächen, teilweise als Badeteiche benutzbar,

*d) Unterkunftshallen, Trinkbrunnen, Erfrischungsbade-
häuschen, Abortanlagen, Turnplätze, Licht-Luftbad, Musik-
tempel, Vogelhäuser und Tiergehege.*

Wiederum stehen viele derartige Arbeiten im Zeichen
von Notstandsprogrammen, die, ganz wie schon zu
Lennés Zeit, die Arbeitslosigkeit bekämpfen sollen.
Nach dem Ersten Weltkrieg geht Köln unter seinem
Oberbürgermeister *Adenauer* da unter allen deutschen
Städten mit der Schaffung eines Grüngürtels voran.
Köln gibt, *Erwin Barth* zufolge, in den ersten Nach-
kriegsjahren bis 1921 allein 43,9 Millionen Mark da-
für aus.

Die erste große Parkanlage nach dem Zweiten Weltkrieg lässt in Berlin bis 1985 auf sich warten – es gab ja
auch seit 1945 genug zu tun, die alten einigermaßen
wiederherzustellen. Im Rahmen der Bundesgartenschau errichtet der Landschaftsarchitekt *Wolfgang Mil-
ler,* der schon 1981 eine Bundesgartenschau in Kassel
gestaltet hatte, am Massiner Weg ein, wie es im Amts-
jargon heißt, Bundesgartenschaugelände, heute der Er-
holungspark Britzer Garten. Um einen See gruppiert
sich ein abwechslungsreiches, nicht unansehnliches,
vielleicht etwas überladenes Gebilde aus Natur, Kunst
und Pavillons, Engelbert Kremsers Café, in seiner Erd-
bauweise ohne jeden rechten Winkel errichtet, und
einer Drachenburg dazwischen. Es scheint, als griffe
man über Lenné und *Pückler* weit zurück zu jenen
Kuriosa, die sich in den barocken Ur-Landschaftsgärten des *William Kent* und des *Fürsten Franz von Anhalt-
Dessau* finden, zu Venustempel (der hier Liebesinsel
heißt) und künstlichem Vulkan. Von den apodiktischen

Forderungen eines Deutschen Volksparkbunds ist gottlob nicht mehr die Rede.

Ein weiter Weg, den der Landschaftsgarten seit dem Anfang des 18. Jahrhunderts zurückgelegt hat. Als Gesamtkunstwerk geplant, entstanden aus Freiheitspathos, Naturandacht und Antikenkult, ist aus ihm in der Romantik die Ideallandschaft zur kontemplativen Natursuche und im Massenzeitalter die Gesamtnutzlandschaft geworden.

Peter Joseph Lenné, einer der bedeutendsten Künstler, die den Landschaftsgarten im Laufe ihrer Entwicklung mit- und umgestaltet haben, steht da wie das Weltkind in der Mitten. Er hat noch an den Idealvorstellungen des Anfangs teil, aber auch schon an ihrem Allgemeinnutzen. Als Schwärmer ein Praktikus und als Praktikus ein Schwärmer vollendet er den klassischen Landschaftsgarten, zumindest auf dem Kontinent, und verwandelt ihn gleichzeitig zur Grün-Oase für den luft- und baumhungrigen Menschen der großen Städte. Sensibel auf die Strömungen der Zeit reagierend, bleibt er konservativ (wir haben es eben gelesen: konservativ-liberal nennt ihn *Wichmann*), das heißt, er versucht nicht, die Entwicklung aufzuhalten, wie es die Reaktionäre tun, sondern ihr das Beste vom Alten mit auf den Weg zu geben. Dass es nicht immer akzeptiert wurde, ist nicht seine Schuld.

»Ein Garten« hat *Martin Sperlich,* einst Direktor der Schlösser und Gärten in Charlottenburg und eigentlich kein Melancholiker, ein melancholisches Gartenpfleger-Gedicht genannt. Es ist seinem Kollegen *Michael Seiler* gewidmet, von dem in dieser kleinen Biographie auch bereits verschiedentlich die Rede war.

In hundert Jahren wuchs er zur Gestalt,
in aberhundert wuchert er gewaltlos,
verwildert und verlischt und wird gestaltlos
als Vorstadt oder Wüstung oder Wald.

Die Wiese federt – hier sprang die Fontäne!
Am Telegraphenmast die Sandsteinschwelle
zeigt noch Profil, sie liegt an jener Stelle,
die man betrat zum Futterplatz der Schwäne.

Laut Stadtplan läuft die Friedrich-Ebert-Straße
exakt in Flucht der alten Hauptallee;
(hier stand vielleicht einmal die Marmorvase).

Auf Luftaufnahmen kurz nach erstem Schnee,
beziehungsweise in der Wachstumsphase,
erkennt man noch die Wege von Lenné.

Zeittafel

Geschichte des englischen Landschaftsgartens bis zum Ende des 19. Jahrhunderts

1664
William Kent in Yorkshire geboren. Begründer des englischen Gartenstils.

1672
Joseph Addison in Wiltshire geboren. Theoretischer Vorbereiter des englischen Gartenstils.

1688
Alexander Pope, der andere theoretische Begründer des englischen Gartenstils, in London geboren.

1712
Addison fordert im »Spectator« Entgrenzung des Gartens zur freien Natur.

1713
Erstes Essay-Plädoyer *Popes* für eine neue Gartengestaltung.

1715
Lancelot Brown, genannt *Capability,* in Northumberland geboren.

1719
Pope legt einen eigenen Garten in Twickenham an.

1735
Kent beginnt Elysian Fields in Stowe.

1738
Kent gestaltet Garten Rousham in Oxfordshire, Mitwirkung seines Schülers *Capability Brown.*

1742
Christian Cajus Laurenz Hirschfeld in Nüchel bei Eutin geboren, bedeutender deutscher Gartentheoretiker.

1748
Tod *William Kents* in London.

1750
Friedrich Ludwig von Sckell in Weilburg geboren. Erster deutscher Gartengestalter im englischen Stil.

1752
Humphry Repton, Nachfolger *Capability Browns,* in Suffolk, *John Nash,* dessen Förderer, Architekt, in London geboren.

um 1760
Umgestaltung des Gartens von Blenheim Palace durch *Capability Brown* – Vorbild für *Pückler* und Lenné.
Parkanlagen in Zarskoje Selo (heute Puschkin) begonnen.

1771
Beginn des ersten deutschen Landschaftsparks in Wörlitz durch *Fürst Franz von Anhalt-Dessau.*

1776
Goethe beginnt seinen Park in Weimar.

1781
Karl Friedrich Schinkel in Neuruppin geboren.

1783
Tod *Capability Browns* in London.

1785
Hermann Ludwig Heinrich Graf (später: *Fürst) von Pückler auf Muskau* geboren, neben Lenné bedeutendster deutscher Landschaftsgestalter.
In Leipzig erscheint *C.C.L. Hirschfelds* »Theorie der Gartenkunde«.
Sckell zur Schaffung des Englischen Gartens nach München berufen.

1789

Peter Joseph Lenné in Bonn geboren.

1803

Reptons »Observations on the Theory and Praxis of Landscape Gardening« erscheint.

1809

Goethe veröffentlicht »Die Wahlverwandtschaften«, den Roman um einen Landschaftsgarten.

1815

Pücklers Aufruf zur Schaffung eines Landschaftsparks in Muskau.

1816

Lenné beginnt seine Arbeit in Sanssouci und Glienicke.
Gustav Meyer, später Schüler Lennés, in Frauendorf an der Oder (Neumark) geboren.

1818

Tod *Humphry Reptons* in London.

1822

Lenné in England.

1823

Tod *Sckells* in München.

1825

Pücklers »Andeutungen über Landschaftsgärtnerei« erscheinen.

1826

Pückler in England.
Lenné gestaltet mit *Schinkel* Charlottenhof.

1835

Tod *John Nashs* in East Cowes auf der Isle of Wight.
Beginn der Neugestaltung des Hyde Parks in London unter *William IV.*

1838

Eröffnung des Regent's Parks von *Repton* in London.

1840

Tod *Schinkels* in Berlin.
Lenné legt seine »Projectirten Schmuck- und Grenzzüge von Berlin und seiner Umgebung« vor.

1846

Erster Plan *Pücklers* für einen Landschaftspark in Branitz.

1848

Lenné übergibt die Arbeit am Tiergarten an *Klengel* und später *Koeber*.

1858

Planungswettbewerb für einen Central Park in New York, den *Olmstedt* und *Vaux* gewinnen.

1860

Gustav Meyers »Lehrbuch der Schönen Gartenkunst« erscheint in Berlin.

1866

Tod Peter Joseph Lennés in Potsdam.
Erster Entwurf *Gustav Meyers* für den Humboldthain.

1871

Tod *Pücklers* in Branitz, Beisetzung in der von ihm geschaffenen Erdpyramide.

1877

Tod *Gustav Meyers* in Berlin.
Hermann Mächtig wird zum Leiter des Gartenbauamtes berufen, Schöpfer dramatisierter Parks (unter anderem Viktoriapark in Kreuzberg).

Peter Joseph Lenné: Lebensdaten

1756

3. Februar, *Peter Joseph Lenné d. Ä.* geboren, stirbt am 4. Mai 1821 in Koblenz. Verheiratet mit *Catharina Pottgieter* aus Rheinberg im Kreis Moers.

1789
29. September, Geburt Peter Joseph Lennés in Bonn.

1790
2. Mai, in Berlin übernimmt *Johann Gottlob Schulze* (1755 bis 1834) als Oberhofbaurat die Gartendirektion.

1801
Johann August Eyserbeck stirbt (geboren 1762), erster Berliner Landschaftsgestalter, kommt aus dem Dessauer Gartenreich, zur Schaffung des Neuen Gartens nach Potsdam geholt.

1805
Gärtnerlehre des jungen Peter Joseph Lenné bei seinem Onkel *Joseph Clemens Weyhe* in Brühl. Bis 15. September 1808.

1809
Erste Studienreise durch Süddeutschland.

1811
Peter Lenné d. Ä. übernimmt die Landesbaumschule in Koblenz. Umzug der Familie.
Im April zweite Studienreise des jungen Lenné nach Paris.

1812
Rückkehr nach Koblenz, Mitarbeiter des Vaters.
Dritte Studienreise in die Schweiz, nach Süddeutschland und München, wo er wahrscheinlich *Sckell* kennen lernt.
Im Herbst Eintreffen in Wien, Arbeit in Schönbrunn bei *Joseph Boos,* einem Jugendfreund des Vaters.

1814
Arbeit in Laxenburg. Verleihung des Titels Kaiserlicher Garteningenieur.
12. Januar, Tod der Mutter in Koblenz.

1815
Juli, Rückkehr nach Koblenz. Entwurf zur Umwandlung der zerstörten Festungswälle in eine Parkanlage.
Aufforderung, sich in Potsdam zu bewerben.

1816

Berufung auf Probe nach Potsdam. Eintreffen im Februar.
Erster Plan zur Neugestaltung des Neuen Gartens.
Erste Arbeiten für *Hardenberg* in Glienicke.

1818

Neugestaltung Sanssoucis begonnen.
9. Februar, neben *Schulze* zum Mitglied der Gartendirektion erhoben.
Erste Planungen für den Tiergarten.

1820

3. Januar, Heirat mit *Louise Friederike Voß,* Tochter eines Hofgärtners in Potsdam.

1822

Gründung der Landesbaumschule in Potsdam.
Dienstreise nach England zur Besichtigung der großen Parks.

1823

20. August, Gründung der »Gärtnerlehranstalt« in Schöneberg
und Potsdam (im Jahr zuvor war die Gründung des Trägerver-
eins »Verein zur Beförderung des Gartenbaus« vorangegangen).

1825

Erste Arbeiten am Park Charlottenhof, Volksgarten Kloster
Berge in Magdeburg.

1826

Russische Kolonie Alexandrowka entsteht in Potsdam.

1828

Schulze geht in Ruhestand, Lenné wird alleiniger Gartendirektor.

1830

Arbeiten am Berliner Lustgarten, am Prinz-Albrecht-Garten und
auf der Pfaueninsel (Menagerie *Friedrich Wilhelms III.*).
Reisen nach Süddeutschland und Westeuropa.

1833

Entwurf für Babelsberg (den Park führt dann aber *Pückler* aus).
Entwurf für Kloster Chorin.

1834
Verstärkte Arbeit am Tiergarten, Charitégärten, Blockhaus in Nikolskoe.

1837
Reise nach Brüssel und Paris.

1838
Lenné erbaut sich sein Berliner Haus im Kanonenweg. Architekt ist *Persius*.

1839
Der Kanonenweg wird in Lennéstraße umbenannt.
Erster Bebauungsplan für das Pulvermühlengelände.

1840
7. Juni, Tod *König Friedrich Wilhelms III*. in Berlin. Thronbesteigung *Friedrich Wilhelms IV*.
Verstärkte städteplanerische Tätigkeit, Vorlage der »Projectirten Schmuck- und Grenzzüge«.

1841
9. Oktober, Tod *Schinkels* in Berlin.

1842
Zoologischer Garten in Berlin entsteht, ferner Belle-Alliance-(heute: Mehring-) Platz, Park Sakrow, Ländliche Feldmark in Bornstedt.

1843
Mariannenplatz am Krankenhaus Bethanien.

1844
Erste Reise nach Italien.
Bebauungsplan für die Schöneberger Feldmark.

1845
12. Juni, *Persius* stirbt überraschend.
Beginn der Arbeiten am Landwehrkanal (bis 1855).
Ernennung Lennés zum Gartengeneraldirektor durch *Friedrich Wilhelm IV*.
Entwurf des Marlygartens in Potsdam.

1847
Zweite Reise nach Italien.

1848
Bau des Luisenstädtischen Kanals (bis 1852).
Bebauungsplan für die Schächterwiesen (Urban).

1850
Entwurf der Roseninsel Wörth.

1853
30. April, Lenné wird zum Ehrenmitglied der Berliner Akademie der Künste gewählt.
Entwurf für Hohenschwangau.

1855
20. Oktober, Lennés Frau *Louise Friederike* stirbt.
Weitere Bebauungspläne für Berlin.

1857
Thronverzicht des geisteskranken *Friedrich Wilhelm IV., Prinz Wilhelm* übernimmt die Regentschaft.
Entwurf der Kuranlagen von Bad Neuenahr.

1860
Sizilianischer und Nordischer Garten in Potsdam.

1861
12. Januar, Tod *Friedrich Wilhelms IV.,* Thronbesteigung durch *Wilhelm I.*
Ehrenpromotion Lennés an der Universität Breslau.

1862
Garten der Gesellschaft Flora in Köln.

1866
23. Januar, Tod Lennés in Potsdam. Beisetzung im Privatfriedhof der Gärtnerfamilie *Sello* auf dem Bornstedter Friedhof.

Verwendete Literatur

AA Illustrated Guide to Britain, Basingstoke 1976

Börsch-Supan, Eva: Ludwig Persius. Das Tagebuch des Architekten Friedrich Wilhelms IV., München 1980
Börsch-Supan, Eva und Helmut u.a: Reclams Kunstführer Berlin, Stuttgart 1977
Brown, Dorothy: Capability Brown, London 1971

Dehio, Georg: Handbuch der deutschen Kunstdenkmäler Berlin/DDR/Potsdam, München 1983
Devrient, Therese: Jugenderinnerungen, Stuttgart 1905

Fontane, Theodor: Wanderungen durch die Mark Brandenburg. Berlin 1978

Gibberd, Vernon: The Garden in England, Cambridge 1981
Große Enzyklopädie der Malerei: Stichwort Cornelius. 2. Band, Freiburg 1975
Günther, Harri: Peter Joseph Lenné. Gärten, Parke, Landschaften. Stuttgart 1985

Haffner, Sebastian: Preußen ohne Legende, Hamburg 1979
Hederer, Oswald: Leo von Klenze, München 1964
Hermann, Georg: Spaziergang in Potsdam, Berlin 1986
Hinz, Gerhard: Peter Josef Lenné und seine bedeutenden Schöpfungen in Berlin und Potsdam. Berlin 1977
Hirschfeld, Christian Cajus Laurenz: Theorie der Gartenkunst, Leipzig 1785
Holmsten, Georg: Berlin-Chronik, Düsseldorf 1984
Holtei, Karl von: Vierzig Jahre, Berlin 1843/44

Kataloge
Berlin zwischen 1789 und 1848 – Facetten einer Epoche. Akademie der Künste, Berlin 1981
Buttlar, Hermann von: Vom Landschaftsgarten zur Gartenlandschaft – Peter Joseph Lenné und seine Parkschöpfungen in Berlin und Potsdam, in: Berlin durch die Blume oder Kraut und Rüben, Berlin 1985
Günther, Harri: Pläne für Berlin. Staatliche Schlösser und Gärten Potsdam-Sanssouci, 1984
Karl Friedrich Schinkel 1781–1841. Staatliche Museen Hauptstadt der DDR. Berlin 1980
Karl Friedrich Schinkel. Architektur, Malerei, Kunstgewerbe. Staatliche Schlösser und Gärten. Berlin 1981
Seiler, Michael: Die königliche Pfaueninsel, in: Berlin durch die Blume oder Kraut und Rüben, Berlin 1985
Stürmer, Rainer: Vom Friedrichshain zum Volkspark Rehberge – Kommunales Grün in Berlin, in: Berlin durch die Blume oder Kraut und Rüben, Berlin 1985
Kieling, Uwe: Berlin – Baumeister und Bauten, Leipzig 1987
Klein, Diethard H. (Hg.): Berliner Hausbuch, Freiburg 1982
Krosigk, Klaus von: Peter Joseph Lenné, in: Ribbe/Schäche: Bau-

meister, Architekten, Stadtplaner, Berlin 1987

Krosigk-Wiegand: Gartendenkmalpflege Berlin 1978–1981. Letzte Ergebnisse und Ziele, Berlin 1982

Lübke-Haack: Die Kunst des XIX. Jahrhunderts, Esslingen 1912

Meyer, Gustav: Lehrbuch der Schönen Gartenkunst, Berlin 1860, Faksimileausgabe Berlin 1985

Mielke, Friedrich: Potsdamer Baukunst, Berlin 1981

Müllenbrock, Heinz-Joachim: Der englische Landschaftsgarten des 18. Jahrhunderts und sein literarischer Kontext, Göttingen 1986

Ohff, Heinz: Fürst Hermann Pückler Preußische Köpfe, Berlin 1982

Parks und Gärten von Stifter bis Grass. Anthologie des Bundesverbandes Garten-, Landschafts- und Sportplatzbau, Bonn 1984

Piltz, Georg: Deutsche Demokratische Republik. Kunst- und Reiseführer. Stuttgart 1979

Poe, Edgar Allan: The Complete Tales and Poems, darin: The Domain of Arnheim or The Landscape Garden, New York 1937, S. 604–15

Posener, Julius (Hg.): Festreden Schinkel zu Ehren, Berlin 1980

Pückler, Fürst Hermann: Andeutungen über Landschaftsgärtnerei, in: Ausgewählte Werke, hrsg. von Ekhard Haack und Heinz Ohff, 1. Band, Berlin 1985

Pückler, Fürst Hermann: Briefe eines Verstorbenen, Berlin 1986

Pundt, Hermann G.: Schinkels Berlin, Berlin 1981

Rave, Paul Ortwin: Gärten der Goethezeit, Berlin 1981

Rave, Paul Ortwin: Karl Friedrich Schinkel, München 1981

Rellstab, Ludwig: Berlin und seine Umgebung. Darmstadt 1854 (Faksimileausgabe), Würzburg 1985

Ribbe, Wolfgang: James Hobrecht, in: Ribbe/Schäche: Baumeister, Architekten, Stadtplaner, Berlin 1987

Seiler, Michael: Kommentierter Nachdruck des Wegweisers auf der Pfaueninsel von Gustav Adolph Fintelmann (1837), Berlin 1986

Siedler, Wolf Jobst: Auf der Pfaueninsel. Spaziergänge in Preußens Arkadien, Berlin 1986

Sperlich, Martin & Seiler, Michael: Schloß und Park Glienicke. Über die Notwendigkeit ihrer Wiederherstellung, Berlin 1979

Sühnel, Rudolf: Der Park als Gesamtkunstwerk des englischen Klassizismus am Beispiel von Stourhead, Heidelberg 1977

The National Trust: Stourhead, Wiltshire, London 1979

Wichmann, H.: Peter Lenné hinter dem grünen Gitter, in: Gesammelte Aufsätze. Berlin 1884

Wimmer, Clemens Alexander: Parks und Gärten in Berlin und Potsdam, Berlin 1985

Wunschmann, E.: Peter Joseph Lenné L., in: Allgemeine deutsche Biographie 1883, S. 260/61

Das Gedicht von Martin Sperlich wurde mit freundlicher Genehmigung des Autors seinem Band »Gedichte« (Detlef Heikamp Verlag, Berlin 1980) entnommen. Der erwähnte Besuch im polnischen Teil des Pücklerschen Parks Muskau wird geschildert in »Ein Mensch ist unterwegs« von N. Wendevogel (Stapp Verlag, Berlin 1987).

Orts- und Sachregister

Personenregister